Gabriela Mistral
y su desconocida historia espiritual

Sergio Salinas Cañas

Editorial
THEOT

ISBN: 978-956-09654-0-0

Gabriela Mistral y su desconocida historia espiritual
© Editorial Theot Ltda.
© Sergio Salinas Cañas
Registro de propiedad intelectual: N° 2021-A-6243
I.S.B.N.: 978-956-09654-0-0

1° edición digital, Editorial Theot Ltda., julio 2021, Santiago, Chile.

Editor: Gabriel Peralta Martínez
Corrector de pruebas: Luis Perafan Batarse
Diseño de Portada: María Francia Prado Ramírez
Diagramación: Gladys Briones Torres
Pedidos a: editorialtheot@gmail.com

Índice

Hay un Poder y una Beatitud más allá de nosotros mismos, que viene en ayuda de aquellos que están preparados para recibirlos. *Sophia,* N° 228, febrero de 2008. Helena Petrovna Blavatsky.

La verdad no se adquiere por las palabras sino por la absorción en el infinito. Ante el Umbral. Jaime Galté Carré.

Es dentro de ti mismo, en la luz que ilumina tu ser, imagen de Dios y no en los libros que no son otra cosa que las imágenes del hombre, donde encontrarás las reglas que deben guiar tu vida. Louis Claude de San Martin

Ricardo, el mundo necesita ser redimido, no importa quién lo ejecute. Que lo haga el budismo, el islamismo, que lo haga la masonería o que lo haga el ateísmo, es algo de valor secundario. Lo importante es que el mundo nazca a un mundo nuevo. *Carta a Ricardo Michel Abos-Padilla (1919).* Gabriela Mistral[1].

---

[1] Taylor, Martin (1968). Gabriela Mistral's Religious Sensibility, Berkeley and Los Ángeles, University of California Press, 121-122 pp. Posteriormente Michel Abos-Padilla fue presidente desde 1955 de la Sociedad Teosófica de Chile.

Introducción

El 11 de diciembre del año 2021 se cumplen 76 años desde que la Academia Sueca entregó el Premio Nobel de Literatura a Lucila de María del Perpetuo Socorro Godoy Alcayaga, más conocida como Gabriela Mistral[2]. Ella fue una poetisa, diplomática y pedagoga chilena, una de las principales figuras de la poesía y literatura chilena y latinoamericana, la primera premiada con el Nobel en 1945 y seis años después, en 1951, con el Premio Nacional de Literatura de Chile.

Sin embargo, sus logros y trayectoria como una de las mujeres que más aportó con su pensamiento intelectual y espiritual, formado en un crisol en que se derramaron metales de enseñanzas diversas, rompedoras de lo tradicional y establecido, han sido más reconocidos fuera de Chile. Al parecer, la Gabriela Mistral más espiritual, en la que dialécticamente conversaban y debatían ideas liberales, cristianas, teosóficas, budistas y otras más dogmáticas, fue evolucionando en el tiempo que avanzaba su vida en la tierra. Ella, desde su juventud, fue formando sus propias creencias, las que defendió siempre con vehemencia apasionada tal como en sus escritos y poemas. Siempre se relacionó más con las personas que los grupos y supo separar los afectos de las posiciones políticas. Aunque estas últimas las dejó en claro siempre y enfrentándose a muchos.

En este libro analizaremos la primera etapa de formación de la poetisa, la que claramente cambió en el tiempo tal y como queda

---

[2]   Utilizó el seudónimo literario "Gabriela Mistral" en casi todos sus escritos, en homenaje a dos de sus poetas favoritos, el italiano Gabriele D'Annunzio y el occitano Rosacruz Frédéric Mistral.

establecido en la mayoría de los trabajos e investigaciones que existen sobre ella. En Chile, Gabriela Mistral ha girado principalmente en torno a las figuras de madre universal y maestra. "La iconización de la escritora en este doble ámbito potenció en el pasado la propagación y el análisis principalmente de los primeros libros, *Desolación* y *Ternura*. Las dos versiones de *Lagar* y *Tala* fueron postergadas en el análisis crítico. La crítica chilena contemporánea[3] ha hecho aportes al mostrar nuevas facetas de interpretación de la escritora"[4].

En su primera etapa más juvenil, la poetisa chilena no puede ser analizada como un ente aislado de lo que pasaba en el continente. Luego de su formación inicial, en que recibió el apoyo desinteresado de muchos masones del norte de Chile, ella acogió otra entregada por destacados intelectuales en un momento clave, de esos que marcan la historia no sólo de un país sino de un continente. Como veremos en las siguientes páginas, en América Latina entre fines del siglo XIX y 1930, existió dentro de nuestros intelectuales (poetas, educadores, pensadores y políticos incluso) un movimiento espiritualista donde se combinaron elementos teosóficos, hindúes, reivindicación de lo oriental y, en ocasiones, creencias o prácticas espiritistas[5].

Lo teosófico-oriental colaboró al establecimiento de una "red intelectual", en la cual se redimensionaron aspectos teóricos como el indigenismo, espiritualismo, raza cósmica, así como también elementos más políticos y prácticos en el aprismo, el continentalismo y la creencia en un socialismo latinoamericano[6]. Gabriela Mistral por varios años se relacionó con esta "red" quedando establecido en varios de sus trabajos. "Importantes poetas y pensadores como José Vasconcelos, José Santos Chocano, Gabriela Mistral, Augusto César

[3]   Véase Olea, Raquel y Fariña, Soledad (1990). Una palabra cómplice. Encuentro con Gabriela Mistral, Santiago, Cuarto Propio y Rojo, Grínor (1997). *Dirán que está en la gloria*, Santiago, Fondo de Cultura Económica.

[4]   Gómez, Claudia y Tesche, Paula (2012). El discurso de lo éxtimo en "locas mujeres" de Gabriela Mistral, Mitologías Hoy, N° 5, Verano, 120 p.

[5]   Devés Valdés, Eduardo y Melgar Bao, Ricardo (1999). Redes teosóficas y pensadores (políticos) latinoamericanos 1910-1930, Cuadernos Americanos, Vol. 6, N° 78, 137 p. Ponencia presentada en el VI Congreso de la SOLAR, Sociedad Latinoamericana de Estudios sobre América Latina y el Caribe, en Toluca, México en noviembre de 1998.

[6]   Devés Valdés, Eduardo y Melgar Bao, Ricardo (1999). Redes teosóficas y pensadores, *op. cit.*, 137 p.

Sandino[7] o Víctor Raúl Haya de la Torre, estuvieron influenciados por estas ideas (Sandino también fue uno de ellos), perteneciendo a la Escuela Magnética Espiritual de la Comuna Universal"[8].

Además, Gabriela Mistral tenía claro que el canon literario era masculino y patriarcal, "lo que la lleva a desarrollar una serie de estrategias para ser considerada por sus pares, intentando desde el principio relacionarse con otros escritores latinoamericanos destacados, para luego, paralelamente, crear una 'hermandad artística' con mujeres escritoras, poetas y artistas"[9].

Esta "hermandad lírica", una tradición de larga data entre las poetas, se explica de esta manera: "Ante la oposición de gran parte de la sociedad, las mujeres se apoyaban unas a otras (...) Así, se dedicaban poemas mutuamente, se escribían prólogos para sus libros y mantenían correspondencia aun sin conocerse"[10].

Pero volvamos a la Teosofía. En este orientalismo existía "un cierto pacifismo, la reivindicación de lo telúrico, la armonía de las razas y las culturas, la búsqueda en lo indígena en cuanto sabiduría ancestral, la rebelión contra un 'positivismo' o un 'pragmatismo' de limitados horizontes, son ideas coherentes con el clima descrito"[11]. Además, algunas de estas personas vieron favorecidos sus contactos en la medida que compartían ideas o pertenecían a la hermandad teosófica.

Es por ello que este ensayo inédito sobre su etapa en la Teosofía, en la que también se mencionan sus contactos con la Orden Rosacruz, mostrará cómo estas ideas influyeron en la espiritualidad durante

---

[7] Gabriela Mistral, declarada benemérita del Ejército Defensor de Sandino, calificó a aquellos hombres descalzos y harapientos como "el pequeño ejército loco". Ramírez, Sergio (1988). El muchacho de Niquinomo. Introducción, en Sandino, Augusto César. Pensamiento político, Caracas, Editorial Ayacucho, XXVII p.

[8] Escobar, José Luis (2017). "La Sociedad Gabriela Mistral y el movimiento teosófico en Guatemala", *La Prensa Libre*, 5 de marzo. http://www.prensalibre.com/revista-d/la-sociedad-gabriela-mistral-y-el-movimiento-teosofico-en-guatemala

[9] Garrido Donoso, Lorena (2014). Género epistolar y hermandad artística en la poesía de mujeres de la primera mitad del siglo XX, Literatura y Lingüística, N° 29, 16 p.

[10] Ibíd.

[11] Devés Valdés, Eduardo y Melgar Bao, Ricardo (1999). Redes teosóficas y pensadores, *op. cit.*, 137-138 p.

toda la vida de Gabriela Mistral y no sólo al comienzo de su formación, tal como ha establecido la historia oficial.

No se pretende analizar –en este ensayo– el debate profundo que se da en torno a las influencias espirituales que tuvo Gabriela Mistral, entre académicos expertos en literatura o estética, ni menos realizar un análisis académico lingüístico de sus poemas, sino que sólo mostrar descriptivamente a la sociedad chilena y mundial, en relación a la influencia que tuvieron doctrinas espiritualistas en la formación inicial de la más grande poetisa chilena de todos los tiempos.

Las ideas de este tridente de saberes, teosóficos y rosacruces, son similares y se pueden resumir, sin ser riguroso, en: formar un núcleo de fraternidad universal de la Humanidad, sin distinción de raza, credo, género, casta o color; fomentar el estudio comparativo de la religión, la ciencia y la filosofía e investigar las leyes ocultas de la naturaleza y los poderes latentes en el ser humano (especialmente pertinente en el mundo actual azotado por la plaga del Covid 19).

Pero hay que entender, como hipótesis de esta obra, que en aquellos años, principios del siglo XX, estas enseñanzas no eran tan rígidas y estaban impregnadas de otras escuelas filosóficas e iniciáticas precristianas, cristianas y crísticas[12], entre las cuales se encuentra el martinismo[13]. De la misma manera, residualmente, se mostrará el contenido político-social de algunas reflexiones de esta gran poeta, a veces –a ojos simples– contradictorias.

A 76 años desde que Gabriela Mistral recibiera el Nobel de Literatura, su figura sigue encantando a las generaciones de jóvenes chilenos, así como siguen totalmente vigentes sus principios morales y su deseo de tener una educación que mejore, siempre desde la humildad, la

---

[12] La Conciencia Crística es la Conciencia del Cristo, entendiendo el Cristo como la presencia espiritual o cósmica que cada uno llevamos dentro. Es la esencia de la vida que vive dentro de cada ser, esperando a que seas consciente de ella, recordándote que Eres uno con Todo lo que existe, que Eres Conciencia pura, Amor puro.

[13] El Martinismo o la Orden Martinista, hermana en su nacimiento de la Orden Rosacruz, es un sistema filosófico de Caballería Mística Cristiana. Entiéndase por cristiana como la búsqueda en nuestro interior de la Consciencia Crística, no de un movimiento religioso ya que en el Martinismo, que no es una religión, se admiten como estudiantes a miembros de todas las religiones e ideologías. http://www.martinismo.org/orden.html

esencia de la condición humana y por esa vía a la sociedad entera, pero sobre todo de los más desposeídos y los que aún siguen teniendo "hambre" espiritual. En medio del materialismo y la corrupción actual, conocer las enseñanzas que recibió y las que a su vez nos entrega esa humilde mujer elquina, que llegó a ganar el Premio Nobel de Literatura, se transforma en un verdadero bálsamo para nuestra alma.

Capítulo 1: Retazos biográficos

> Del nicho helado en que los hombres te pusieron,
> te bajaré a la tierra humilde y soleada.
> Que he de dormirme en ella los hombres no supieron,
> y que hemos de soñar sobre la misma almohada.
> *Sonetos de la Muerte I.* Gabriela Mistral.

L

ucila Godoy Alcayaga nació el 7 de abril de 1889 en la ciudad de Vicuña, en la región de Coquimbo, Chile. Cuando cumplía los tres años sufre uno de los primeros duros golpes que la vida le daría, el abandono de su padre, Juan Jerónimo. Este profesor mostró su cariño por la poetisa con este poema: Duérmete Lucila, que el mundo está en calma/ni el cordero brinca, ni la oveja bala/Duérmete Lucila, que cuidan de vos/en tu cuna un ángel, en el cielo, Dios[14]. En el año 1901, Petronila Alcayaga Rojas y sus hijas Emelina Molina (hija de un primer matrimonio) y Lucila, se trasladan a La Serena. "En ese lugar Emelina completa los estudios, su hermana terminaría su adolescencia sin escolaridad formal completa"[15]. "¿Qué si tuve otro nombre? Sí, yo tuve dos: el que me dieron de veras (Lucila Godoy) y el que me di de mañosa (Gabriela Mistral). Y el nuevo me mató el viejo: Una en mí maté, yo no la amaba"[16].

A los 15 años, Lucila empieza a mostrar sus dotes literarias gracias al apoyo de algunos masones de La Serena y esto constituye uno de los capítulos más desconocidos de la formación de la futura poetisa y que sólo había sido mencionado levemente por algunos de sus comentaristas. Efectivamente, como señaló el ex Gran Maestro de la Gran Logia de Chile, Marino Pizarro entre el "oficio del francmasón"

---

[14] Barboza Marzán, Eliseo (2005). Lucila y los francmasones, El Día, La Serena, 8 de diciembre, 4 p.

[15] Valenzuela Fuenzalida, Álvaro (2002). Gabriela Mistral y la reforma educacional de José Vasconcelos, Reencuentro, N° 34, septiembre, 11p. http://www.redalyc.org/pdf/340/34003402.pdf

[16] Quezada, Jaime (2002). Bendita mi lengua sea. Diario íntimo de Gabriela Mistral, Santiago, Planeta-Ariel, 19p.

se encuentra el compromiso humanista por la enseñanza sin buscar rédito económico alguno. "En ese altruista ámbito se inserta el ilustre hermano Bernardo Ossandón Álvarez, profesor primario vinculado principalmente, entre otros quehaceres, al hacer formativo de las jóvenes generaciones de La Serena y Coquimbo".[17]

El maestro Ossandón fue uno de los que facilitaron "la expresión y el desarrollo de las potencialidades intelectuales, simbólicas, esotéricas de la elquina Lucila del Perpetuo Socorro Godoy Alcayaga, inscrita en las letras universales como la excelsa poetisa Gabriela Mistral, la primera mujer en Chile y la quinta en el mundo en obtener el Premio nobel de Literatura, en 1945"[18].

> Leía yo en mi aldea de la Compañía como todos los de mi generación leyeron "a troche y moche". A tontas y a locas, sin idea de jerarquía. El bondadoso hombre Ossandón me prestaba a manos llenas libros que me sobrepasaban..." escribía la mismísima Premio Nobel, en su crónica *El oficio legal*, publicado en la Revista Pro Arte, en abril de 1949, recordando su iniciación en el conocimiento de las grandes obras literarias universales, en textos que aún existen en la biblioteca del "Club Coquimbo", para el conocimiento y deleite intelectual de los hermanos masones interesados en cultivar su espíritu[19].

La importancia de este momento en la formación intelectual y espiritual de la futuro Premio Nobel, también lo destaca el académico e investigador Pedro Pablo Zegers Blanchet, en su estudio "Gabriela Mistral, Maestra, cronología de sus cargos y experiencias docentes": "La joven maestra acrecentaba sus conocimientos leyendo con verdadero apasionamiento los libros que le facilitaba el periodista don Bernardo Ossandón, de su biblioteca particular"[20].

---

[17] Barboza, Eliseo (2012). Apuntes para una historia. Luz y Esperanza de La Serena, Santiago, Editorial Occidente, 256p.

[18] Ibíd.
[19] Ibíd. 258p.
[20] Ibíd. 259p.

Bernardo Ossandón Álvarez[21] era visitador escolar y amigo de su padre Juan Jerónimo desde que se conocieron en el Valle del Huasco. Ambos, además, mantenían una relación de profesores y amantes de las letras. La gestión de Ossandón[22] permitió a Lucila su primer trabajo en la escuela de Las Compañías.

Pero no sólo Bernardo Ossandón, sino que también otros masones de los valles de La Serena, Vicuña, Ovalle y Coquimbo quienes "facilitaron esas herramientas a la joven, desde el inicio de la pubertad, para la construcción de una conciencia independiente que le permitió formarse una idea íntima y particular de su Verdad y su Destino, sustentos de una doctrina de vida ignorados incluso por la mayoría de sus mejores comentaristas"[23].

Estas "confusiones de ideas" de la poetisa que aparecerán en las próximas páginas tienen explicación en este contexto:

> Prácticamente desconocido, a lo más profanamente tangenciado en una interesada confusión con lo eclesial, del pulimento y cubicación de la rica piedra surgida de la cantera elquina que, a partir del inicio del siglo XX, potencia una

---

[21] En 1959, Gabriela Mistral escribió: "Un viejo periodista dio un día conmigo y yo di con él. Se llamaba don Bernardo Ossandón y poseía el fenómeno provincial de una biblioteca grande y óptima. No entiendo hasta hoy cómo el buen señor me abrió su tesoro, fiándome libros de buenas pastas y de papel fino. Con esto comienza para mí el deslizamiento hacia la fiesta pequeña y clandestina que sería mi lectura vesperal y nocturna, refugio que se abriría para no cerrarse más. Leía yo (…) a tontas y a locas, sin idea alguna de jerarquía. El bondadoso hombre Ossandón me prestaba a manos llenas libros que me sobrepasaban. Barboza Marzán, Eliseo (2005). Lucila y los francmasones, *op. cit.*

[22] Sirvió en el cargo de presidente de la Asamblea Radical de La Serena durante dos períodos y miembro de los directorios de la misma desde 1871 hasta 1905. En 1879 fundó el diario *El Coquimbo*, periódico en donde fue el director y redactor hasta 1905. Fue fundador, director y presidente de la Liga de Estudiantes Pobres de la Serena, en cuyo aguinaldo colaboró con notoriedad. Ayudó a Gabriela Mistral, publicando sus primeros versos en el diario El Coquimbo. Después de obtenida su jubilación en todo momento continuó como el mejor propagandista de la minería y agricultura de esta región, dedicándoles sus mejores esfuerzos. Sus estudios mineros lo llevaron a publicar entre 1924 1925 una serie de artículos en el diario El Coquimbo que constituyen una fuente invaluable sobre la riqueza minera de la zona. Véase biografía de Bernardo Ossandón en http://www.isccoquimbo.cl/descargas/Biografia_Bdo_Ossandon_Alvarez.pdf

[23] Barboza, Eliseo (2012). Apuntes para una historia. Luz y Esperanza, *op. cit.*, 256p.

propia e independiente concepción humanista de la vida y la existencia, desde una perspectiva laica que se manifiesta por su propia decisión en un cristianismo primitivo como la misma Gabriela Mistral lo define en una de sus cartas a Pedro Aguirre Cerda: "Yo no soy antirreligiosa, ni siquiera arreligiosa.

Creo casi con el fervor de los místicos, pero creo en el cristianismo primitivo, no enturbiado por la teología, no grotesco por la liturgia y no materializado y empequeñecido por un culto que ha hecho de él un paganismo sin belleza. En suma soy cristiana, pero no soy católica"[24].

Es la propia Gabriela Mistral que en sus escritos cita a estos masones que la apoyaron en sus primeros años y eso enriquece más su relato ya que posteriormente ella señalaría acerca de la Masonería: "Conmigo nadie gana cosa alguna. Y en cambio gana mucho con el apoyo de la masonería reparte-prebendas"[25].

Volvamos a su historia. Con el apoyo de la francmasonería, además de Bernardo Ossandón[26] recibió el apoyo de Alfredo Marín y Wellinton Madina, Lucía Godoy Alcayaga comienza a colaborar en varios diarios laicos, el 11 de agosto de 1904, en el periódico *El Coquimbo*[27], Periódico Radical de La Serena N° 3951, con la prosa *El Perdón De Una Víctima*. Para ese entonces, también circulaba en la región un periódico titulado *La Voz del Elqui, Interdiario Radical i de Avisos*, también del Partido Radical. "Lucila Godoy Alcayaga publica el 23 de marzo de 1905, N° 894, *Ecos*, Para *La Voz de Elqui*, en la Sección Literaria. Así lo hizo también en el periódico *La Reforma*"[28]. El nombre de sus seudónimos comienza a mostrar las características

---

24 Ibíd. 257p.
25 Ibíd. 257p.
26 Nació en Vicuña el 20 de mayo de 1851, sus padres fueron don Balbino Ossandón y doña Margarita Álvarez, ambos naturales del Valle del Elqui. Véase Álvarez Gómez, Oriel (1992). Don Bernardo Ossandón Álvarez y Gabriela, Diario de Atacama, 9 de febrero, 11p. http://www.coleccionesdigitales.cl:1801/view/action/singleViewer.do ?dvs=1496253205555~887&locale=es_ES&VIEWER_URL=/view/action/singleViewer. do?&DELIVERY_RULE_ID=10&frameId=1&usePid1=true&usePid2=true
27 Véase http://www.memoriachilena.gob.cl/archivos2/pdfs/MC0003262.pdf
28 Artigas, Mario (2010). Pedro Aguirre Cerda y Gabriela Mistral. http://marioartigas. blogspot.cl/2010/10/pedro-aguirre-cerda-y-gabriela-mistral.html?m=1

de la personalidad de la poetisa: "Alguien", "Soledad" y "Alma". En estos años comienza a trabajar como ayudante en la Escuela de Las Compañía Bajas, al norte de La Serena (hoy, en la práctica, un barrio de la ciudad).

También contribuyó Manuel Jesús Manubens Aguirre, masón de "Luz y Esperanza" N° 11, quien la ayudó "en sus primeros viajes por el mosaico de las ideas y penetrar los secretos del tejido de la urdiembre de la prosa poética"[29].

Al respecto, el actual Gran Maestro de la Gran Logia de Chile, Sebastián Jans, sostuvo que:

> Gabriela Mistral tuvo en toda su primera época una relación estrechísima con la masonería, sobre todo con la de La Serena. Ella como personalidad intelectual tuvo momentos de intensidad. En su época posterior, antes de irse de Chile, se distanció un poco de la masonería. Yo diría que en gran medida Gabriela Mistral fue un producto de la masonería. ¿Por qué? Porque dentro de ciertos parámetros, es imposible en este país que una persona que nació en un pequeño pueblito, se transformara hasta llegar a dirigir colegios y se convirtiera en una personalidad intelectual y cultural dentro de nuestro país. Eso no es habitual. Ella se vinculó culturalmente con lo que era la esencia de la masonería, a través de los nexos que tiene con los diversos masones con los cuales se va relacionando y convirtiendo en una educadora. Fue la masonería la que ayudó para que ese talento se expresara, porque para el masón las personas valen por sus virtudes y no por sus herencias[30].

Junto con recibir el primer salario, la poetisa recibió la ayuda solidaria de la Liga de Estudiantes Pobres, fundada y financiada por ciudadanos laicos y masones de "Luz y Esperanza" N°11, "entre los

---

[29] Barboza, Eliseo (2012). Apuntes para una historia. Luz y Esperanza de La Serena, *op. cit.*, 256p.

[30] Diario la Región de Coquimbo (2016). Sebastián Jans: "Yo diría que en gran medida Gabriela Mistral fue producto de la masonería", Diario la Región de Coquimbo, 28 de septiembre. http://www.diariolaregion.cl/portal/?p=41122

que destacaban miembros muy dignos de ese taller como Gómez, Solar, Formas y Ossandón"[31]. Su Vicepresidenta era Nicolasa Montt de Marambio[32].

Esta poeta incentivó a Lucila Godoy:

> (...) Jamás dude de la belleza de su alma y de sus sentimientos religiosos, pues sé por experiencia, que a la mujer que escribe o lee, le dicen 'libre pensadora', como que la virtud estuviese reñida con el saber, con esa expansión del espíritu que llama a comunicarlas al papel. Deje correr su pluma, estampe sus sentimientos y desprecie la ironía de los ignorantes. Guarde intacta su fe que es un don precioso, y el cielo velará por su felicidad[33].

De esa época, Gabriela Mistral recuerda que el profesor de la escuela, el presbítero Luis Ignacio Munizaga, tenía mucho ascendiente sobre la directora. Esto provocó que ella le hiciera una dura observación a la poetisa respecto a su *"ateísmo"* y sus tendencias socialistas. "Me acusaba de lo último por haber procurado yo la incorporación de niñas de la clase humilde cuyo talento conocía para las que el liceo estaba cerrado. Con estos cargos, buscó ella un discreto modo de eliminarme; no me dio trabajo. Por delicadeza, renuncié"[34].

En otra carta, la poetisa recuerda este suceso:

> (...) Luis Ignacio Munizaga, había exigido al personal que por solidaridad con él se me eliminase pues yo escribía unas composiciones paganas y podría volverme en caudillo de las alumnas. El ilustre sacerdote (que más tarde será un hombre bastante desgraciado) fue bien lúcido cuando dijo que yo era una pagana. Todo poeta, cualquier poeta es eso o no es cosa alguna. Puede ser un cristiano de aspiración

---

[31] Barboza, Eliseo (2012). Apuntes para una historia. Luz y Esperanza, *op. cit.*, 263p.

[32] Fue una poetisa, traductora y socialité chilena. Junto a la escritora atacameña Mercedes Marín del Solar y la copiapina Rosario Orrego Castañeda, es considerada como una de las pioneras en el campo de la poesía femenina de Chile.

[33] Barboza Marzán, Eliseo (2005). Lucila y los francmasones, *op. cit.*

[34] Quezada, Jaime (2002). Bendita mi lengua sea. Diario íntimo de Gabriela Mistral, *op. cit.*, 71p.

y puede ser un místico si tiene una corporalidad pobre o si va para viejo –a los dieciocho años- era mi edad, no es sino un pagano (sic)[35].

En 1907, recibió la ayuda del abogado masón, Juan Guillermo Zavala[36]. "Me llevaron como secretaria-inspectora al Liceo de Niñas de La Serena. Yo sabía muy poco de redacción oficial (…) aunque ya escribiese en los periódicos. Los humildes diarios de provincia reciben y publican casi todo[37]. Un año más tarde, fue maestra en la Escuela de La Cantera. "Allí le enseñó el alfabeto a los niños del campo chileno y las primeras formas de la lectura y la escritura"[38].

Juan Guillermo Zavala Varas era masón del Taller "Justicia y Libertad" N°5, del Valle de Santiago y afiliado a "Luz y Esperanza" N°11. "El nombramiento de Lucila Godoy Alcayaga en el plantel femenino se-renense se publicó en el diario "El Coquimbo" el 30 de abril de 1907 relató el investigador de la Dirección de Bibliotecas, Archivos y Museos de Chile (DIBAM), Pedro Pablo Zegers Blanchet, en el prólo-go de su importante obra "Gabriela Mistral en El Coquimbo"[39].

Marta Elena Samatán sostuvo que "el destino pareció sonreírle a Lucila Godoy Alcayaga en 1907, luego que algunos caballeros califi-cados de La Serena, entre los que se contaban Bernardo Ossandón (sic), Juan Guillermo Zabala y David Aguirre, se interesaron por esa joven maestra de clara inteligencia e indiscutible personalidad"[40].

---

[35] Zegers, Pedro Pablo (2012). En torno a Gabriela Mistral. Cartas (1923-1947) y Gabriela en el magisterio (1904-1921), Mapocho. Revista de Humanidades, Santiago, DIBAM, 226-227pp.

[36] Miembro del Partido Liberal Democrático, seguidor de José Manuel Balmaceda, fue elegido Diputado por Copiapó, Chañaral y Freirina (1888-1891 y 1891-1894). Durante ambos períodos formó parte de la comisión permanente de Educación y Beneficencia.

[37] Barboza Marzán, Eliseo (2005). Lucila y los francmasones, *op. cit.*

[38] Ocampo López, Jaime (2002). Gabriela Mistral la maestra de escuela, Premio Nobel de Literatura, 4p. https://dialnet.unirioja.es/descarga/articulo/2480633.pdf

[39] Barboza, Eliseo (2012). Apuntes para una historia. Luz y Esperanza, *op. cit.*, 263p. Véase el texto completo en Memoria chilena (DIBAM) http://www.memoriachilena.gob.cl/archivos2/pdfs/MC0003262.pdf

[40] Samatán, Marta Elena (1960). Gabriela Mistral. Campesina del Valle de Elqui, Buenos Aires, Instituto del Libro Argentino, 115p. http://www.memoriachilena.gob.cl/archivos2/pdfs/MC0003259.pdf

Recordemos que el Chile republicano de 1910 lleva las huellas de un siglo XIX en el que ha habido importantes reformas. Según Fernando Campos Harriet: "la reforma de 1843; la reforma del 67; la ley orgánica del 79, son las columnas de la organización de la enseñanza secundaria. Y ahora se levantará, en 1893, una cuarta, el método concéntrico"[41].

Ese mismo año 1910, recibe el título de maestra primaria (sin haber pasado por aula universitaria alguna) e inicia su recorrido por los Liceos de Traiguén, Antofagasta, Los Andes, Punta Arenas, Temuco y Santiago. "Desde ese lejano 1910, Gabriela será una profesora (y también directora) de liceos"[42].

En Los Andes participa de la tertulia en la casa del profesor y masón, Pedro Aguirre Cerda[43] y su mujer Juanita Ríos, "y donde comienza a dar forma a los poemas que más tarde constituyen su primer poemario: *Desolación*, libro que dedica a este matrimonio, que la apadrinó siempre incondicionalmente"[44].

A los 17 años conoció al amor de su vida, Romelio Ureta (para otros es el poeta Miguel Magallanes Moure[45]), un empleado de Ferrocarriles.

---

[41] Campos Harriet, Fernando (1960). Desarrollo Educacional, 1810-1960, editorial Andrés Bello, 83p. El influjo alemán se comienza a sentir con fuerza en Chile a partir de la victoria de Bismarck sobre los franceses en la batalla de Sedan. Había un convencimiento de que *era el maestro de escuela germano el vencedor de Sedan*. Entre los germanófilos más destacados mencionamos a José Abelardo Núñez, Valentín Letelier, Claudio Matte (autor del famoso Silabario). Todos ellos viajaron a Alemania. Por otra parte, desde las altas esferas del gobierno se trajeron maestros alemanes para las escuelas normales. En ellas la mayor parte de las asignaturas eran servidas por profesores alemanes, con excepción de religión, castellano, instrucción cívica e historia patria y americana. Sobre el método concéntrico, véase una breve descripción en la obra de Gonzalo Vial (Vial, Gonzalo (1981) Historia de Chile, Editorial Portada, 1981, tomo II, 258p.).

[42] Ocampo López, Jaime (2002). Gabriela Mistral la maestra de escuela, op. Cit., 4p.

[43] Véase Quezada, Abraham (2012). Pedro Aguirre Cerda. Trayectoria de un ideal educativo, Santiago, Editorial USACH.

[44] Zegers, Pedro Pablo (2012). En torno a Gabriela Mistral. Cartas, *op. cit.*, 227p.

[45] Manuel Magallanes Moure nació en 1878 y falleció en 1924. Fue un importante poeta chileno que lideró algunas de las iniciativas literarias de Chile de principio de siglo XX. Estaba convencido de que era necesario unificar todas las disciplinas artísticas para conseguir ofrecer un mensaje conjunto arrasador, que permitiera poner en palabras-arte las ideas y la realidad social. De hecho, él mismo exploró más campos que el de la poesía, siendo famosas sus pinturas y sus obras de teatro. Formó parte del jurado del certamen literario Los Juegos Florales, a través del cual conoció a Gabriela

En un nuevo fuerte golpe en su vida, su enamorado "se suicidó el 25 de noviembre de 1909, a los 26 años de edad, en Coquimbo. En sus bolsillos encuentran una tarjeta con el nombre de Lucila Godoy"[46].

El 12 de diciembre de 1914, conoce su primer gran éxito literario al obtener la más alta distinción en los Juegos Florales de Santiago, con *Los Sonetos de la Muerte*, dedicados a su novio muerto.

Comienza entonces a usar el seudónimo de Gabriela Mistral: Gabriela por el poeta italiano Gabrielle D'Annunzio[47] que admiraba mucho, y Mistral por el poeta Federico Mistral, o por el viento provenzal que lleva ese nombre[48].

En 1918 la nombran profesora de castellano y directora del Liceo de Punta Arenas y dos años después, la trasladan al Liceo de Temuco con igual cargo. El 14 de mayo de 1921 se funda el Liceo de Niñas N° 6 de Santiago, del cual será la primera Directora[49]. Su acercamiento, servicio al sistema escolar y su poesía la hacen conocida en nuestro país. En un viaje a Chile el ministro de Educación de México, José Vasconcelos[50], conoce sobre su labor y la invita a México. Era 1922.

Mistral (ganadora de este concurso en 1914); cabe mencionar que llevaban un año escribiéndose y que este encuentro permitió la consolidación de dicha relación. Entre sus obras pueden destacarse *"Facetas y matices"*, *"¿Qué es amor?"* y *"La casa junto al mar"*. En nuestra web puedes leer poemas tales como *"Aquella tarde"*, *"Recuerdas (¿Recuerdas?"'* y *"Jamás"*. Véase https://www.poemas-del-alma.com/manuel-magallanes-moure.htm

[46] Moulin, Sylvie. Gabriela Mistral en busca de sí misma. http://www.escritores.cl/base.php?f1=articulos/texto/gabriela_en_busqueda.htm

[47] Poeta italiano que fue iniciado en el Martinismo. Muchos de los voluntarios eran de Rijeka o masones esotéricos y entre ellos parecían especialmente Alceste de Ambris, Sante Ceccherini, Marco Egidio Allegri. La bandera de la regencia Carnaro contendría varios símbolos masónicos y gnósticos, como los ouroboros y las siete estrellas de la Osa Mayor. Véase http://95.154.230.253/ip-2/encoded/czovL2l0Lm0ud2lraXBlZGlhLm9yZy93aWtpL0dhYnJpZWxlX0QlMjdBbm51bnppbw%3D%3D

[48] Moulin, Sylvie. Gabriela Mistral en busca, *op. cit.*

[49] Ibíd.

[50] Político, pensador y escritor mexicano. Fue el fundador del Ministerio de Educación en su país, desde el cual desarrolló una fecunda y extraordinaria labor, lo que le mereció el sobrenombre de *El maestro de la juventud de América*. En páginas posteriores se ampliará su biografía.

Ese año es clave en la vida de Gabriela Mistral ya que marca "su recorrido de 34 años por México y otros países del globo"[51].

Su amiga Palma Guillén, quien la introduce nuevamente en el cristianismo, afirma en 1922 que Gabriela era una persona de formación muy diversa.

> Sabía mucho y de muchas cosas y todo lo había aprendido por sí misma, sin escuela ni maestros; era profesora como yo, ella de Lengua Castellana y de Geografía, yo, de Literatura, de Psicología y de Lógica. Pero ¡qué diverso "clima" era el nuestro! Ella estaba centrada en la América y aunque se hubiera leído, traducidos al español, a muchos escritores clásicos y modernos, era la América, la América Latina, la que le importaba[52].

En 1923, en un artículo titulado *El oficio lateral*[53], la poetisa cuenta sus primeras experiencias en educación:

> Empecé a trabajar en una escuela de la aldea llamada Compañía Baja a los catorce años, como hija de gente pobre y con padre ausente y un poco desasido. Enseñaba yo a leer a alumnos que tenían desde cinco a diez años y a muchachotes analfabetos que me sobrepasaban en edad. A la directora no le caí bien. Parece que no tuve el carácter alegre y fácil ni la fisonomía grata que gana a las gentes. Mi jefe me padeció a mí y yo me la padecí a ella. Debo haber llevado el aire distraído de los que guardan secreto, que tanto ofende a los demás...[54].

En los años siguientes la relación de amistad con Pedro Aguirre Cerda, a veces más cercana y otras más lejanas, se consolidó en el

---

[51] Rojo, Grínor (1997). "Gabriela Mistral en la historia de la mujer latinoamericana. En Gastón Lillo y J. Guillermo Renart (Eds.). Re-leer hoy a Gabriela Mistral. Mujer, historia y sociedad en América Latina, Santiago, Editorial Universidad de Santiago – University of Ottawa, 53-82pp.

[52] Véase Gabrielamistral.uchile.cl: http://www.gabrielamistral.uchile.cl/estudios/palmaguillen.html

[53] Mistral, Gabriela (1923). El oficio lateral, Revista de Educación, N°1, marzo, Santiago.

[54] Ocampo López, Jaime (2002). Gabriela Mistral la maestra de escuela, *op. cit.*, 4-5p.

tiempo pese a la molestia con la masonería que comenzaría a tener la poetisa.

> No sabemos con precisión cómo se conocieron Gabriela Mistral con Pedro Aguirre Cerda. Sin embargo, sus respectivos testimonios indican que ya se conocían cuando Gabriela Mistral fue nombrada como directora del Liceo de Punta Arenas. En efecto, Aguirre recordaba en 1938 que: "Gabriela Mistral era profesora del Liceo de Los Andes, es decir, de mi tierra. Conocía yo la reputación que ya habían proyectado sobre ella sus versos. Era yo en ese tiempo Ministro de Educación Pública, en la Administración Sanfuentes. Un día vacó la dirección del Liceo de Punta Arenas. Deseoso de fortalecer el sentimiento nacionalista en esa zona en que tanta influencia ejercen las diferentes colonias extranjeras, me pareció adecuado fomentar la chilenidad con la presencia de una maestra que por sus condiciones excepcionales juzgaba debía ejercer una benéfica influencia en pro del prestigio de Chile, en el ambiente extranjero de Magallanes[55].

Años después, Gabriela Mistral recordaba que: "A pedido del Ministro de Instrucción (el futuro Presidente Aguirre Cerda), fui nombrada directora del Liceo en Magallanes, y navegué hacia las grises postrimerías chilenas (…) el encargo que me diera mi venerado amigo era doble: reorganizar un colegio 'dividido contra sí mismo' y ayudar en la chilenización de un territorio donde el extranjero superabundaba"[56].

A partir de 1918, la amistad entre Gabriela Mistral y Pedro Aguirre Cerda se consolida, lo que quedó plasmado, entre otras cosas, en una importante correspondencia entre ambos. En 1920, la poeta le escribe señalando:

> No me atrevería a pedir a usted, careciendo de un título, un traslado a otro pueblo, y quería aceptar un empleo en Argentina. Yo hasta ahora no tengo motivo de queja de Punta Arenas: el liceo ha duplicado su asistencia y la triplicaría

---

[55] Tagle, Matías (2002). Gabriela Mistral y Pedro Aguirre Cerda a través de su correspondencia privada (1919-1941), Revista Historia, Vol. 35, 2002: 323-408.

[56] Ibíd.

este año, al tener un local. En el edificio he hecho todo lo que puede hacerse; pero ya es insuficiente. He vivido en paz con el personal, y no tengo, para querer irme, otra razón que la necesidad de reunirme con mi mamá, que aquí no puede vivir, y un poco también, el cuidar el vigor de mi espíritu, muy deprimido por el clima[57].

Posteriormente logra ser trasladada a Temuco, lugar en que comienza a tener problemas laborales. Es 1920. En una nota (20 de septiembre) le escribe a Pedro Aguirre Cerda señalando:

Dos líneas para saludarlo y para pedirle no me olvide en una combinación de la que he tenido noticia. Me dicen que, por ascenso de la señora Amanda Labarca Hubertson a la visitación, irá la directora del Liceo de Rancagua al 5, o, en su defecto, otra directora del centro. Le pido obtenga mi traslado a algún puesto que yo sea capaz de desempeñar y que no sea un pueblo de clima extremo no lejos de Santiago. Tengo la convicción de que don Ricardo Valdés será senador por Cautín y, a no haber vacante propicia de aquí a marzo, tendría que aceptar lo que ofrecen de la Argentina.

La confrontación con la profesora Amanda Labarca (Amanda Pinto Sepúlveda), escritora, política radical, feminista y casada con el masón Guillermo Labarca, marcará en la historia de la poetisa su distanciamiento con la masonería y sus posteriores recriminaciones. Para Gabriela Mistral en estos problemas estaba involucrada toda la Gran Logia de Chile no sólo personas individuales.

La situación de Gabriela Mistral era complicada en 1920, puesto que en la correspondencia con Manuel Magallanes Moure le confiesa a propósito de Amanda Labarca Huberston –con quien tendremos oportunidad de encontrarnos nuevamente– que:

Me quiere mal y al reemplazarla yo, me hostilizaría a su modo, solapadamente. He dicho que me den Viña, colegio de igual categoría que éste. Si no sale esto, me voy a Argentina sin duda alguna. Tengo allá muy buenas condiciones de

---

[57] Ibíd.

trabajo. Aguirre no quiere que yo salga del país. Me duele oponerme a este hombre a quien debo todo. Mi mamá es el otro obstáculo para mi viaje. Aquí no me quedo[58].

El 14 de mayo de 1921 se fundó en Santiago, el Liceo de Niñas N° 6 con Gabriela Mistral como directora, cuestión que se apresura a agradecer a Pedro Aguirre Cerda en carta de 16 de ese mismo mes: "Preséntole mis agradecimientos por los informes generosos que de mí dio al Sr. Ministro de Inst. [Instrucción] y que formaron su criterio respecto del nombramiento que acaba de hacer"[59]. En 1923 que el Consejo de Instrucción Primaria, a propuesta del Rector de la Universidad de Chile, Gregorio Amunátegui, le concedió el título de Profesora de Castellano.

Pero el intercambio epistolar con Pedro Aguirre Cerda también tenía profundas reflexiones sobre el quehacer político y social en Chile.

> En verdad le dolía el trato que en Chile recibían los escritores: "En nuestra tierra, los escritores, don Pedro, viven como en ninguna tierra de la América; parece que se busca el que no escriban, el que se gasten... ...en el infeliz empleo público, que apenas les da -que no les da muchas veces, como yo lo he visto, para vestirse, y alimentar a su gente. En todas partes, el escritor conocido, con reputación hecha tiene decoro para la vida material y consideración social muy grande. No es solo el caso notable de México, es el de Colombia, del Perú, de la Argentina, del Uruguay"[60].

En 1923, Gabriela Mistral le escribe a Pedro Aguirre Cerda señalando que:

> Se ha murmurado de mí en el sentido de que, por conveniencias de dinero, yo me alquilo a un gobierno bolchevique. Si de "lograr, de medrar", se tratara, habría aceptado el ofrecimiento del Presidente Obregón de ir a Europa por cuenta de su Gobierno a hacer propaganda mexicana, en condiciones

---

58 Ibíd.
59 Ibíd.
60 Ibíd.

espléndidas de sueldo. Me ha parecido feo aceptar este regalo de un país que nada me debe, y en carta reciente digo a este mandatario que procuraré, antes de aceptar esto, hacer alguna labor efectiva y durable, que me haga merecer la gracia[61].

Fue en el curso de 1932 que Gabriela Mistral inició su carrera consular, al ser nombrada Cónsul Particular de libre elección, destinada en primera instancia a Génova, donde "no ejerció su cargo por algunas objeciones puestas por el gobierno italiano, después de conocer su marcada posición antifascista"[62].

En medio de la Guerra Civil española, Gabriela Mistral le escribe desde Europa a Pedro Aguirre Cerda señalando que:

Veo por *El Mercurio* que allá le sirven al público una salsa fuerte de las crueldades "rojas"; ya vendrá el tiempo en que se sepan las de los moros y habrá también para gritar y escandalizarse. Con todo y dar tanto horror la forma de guerra colonial con que se pelea esa gente a la que llaman "Madre Patria" los chilenos, yo creo que más serio, por ser de más fondo, es la agitación francesa y, al lado de eso, la organización, seguramente ya finiquitada de los fascismos europeos y a la preparación rusa que es su consecuencia. Si Europa está tan loca como para suicidarse, ésta será la hora de nuestra América y ojalá nuestros dirigentes vean con claridad el hecho que se viene encima. Pero ojalá sepan que, aun en el caso de que el Fascismo triunfase en toda la línea aquí -lo que es dudoso- ellos tendrán que hacer allá un mejoramiento muy subido, muy fuerte, de las condiciones en que vive nuestro pobre pueblo, porque hasta esos fascismos envalentonados miran mucho por hacer justicia social y la cumplen a marchas forzadas. El programa fascista de Mussolini ojalá lo masticasen bien nuestros conservadores para corrección de sus egoísmos y de su tremenda ignorancia de la realidad nazi y de la italiana, en este aspecto social[63].

---

[61] Ibíd.
[62] Ibíd.
[63] Ibíd.

En relación a la educación y su posición frente al comunismo, Gabriela Mistral le señala a Pedro Aguirre Cerda que:

> Me da mucha pena leer esas destituciones en masa de los maestros comunistas; no creo que eso arregle nada. Son fanáticos y la persecución los afirma más en su credo que es ya el de un tercio de Chile, según parece. ¡Si se consiguiese encaminarlos hacia un socialismo de tipo francés! Lo peor es que, como no tienen ya fe en nadie, ninguno puede aproximárseles con un consejo y ser creído. Parece que hay un plan de ayuda intersudamericano y que una subida del comunismo al gobierno del Perú agravará lo de Chile. Pero más que en esas influencias creo yo en la de la miseria sobre este movimiento.

En relación a la política contingente en Chile, siempre Gabriela Mistral mantuvo un intercambio epistolar respetuoso con Pedro Aguirre Cerda. Lo que queda claramente establecido en muchas de sus cartas. En una de ellas, le señala:

> Lucila Godoy saluda muy respetuosamente al señor Pedro Aguirre Cerda y le acusa recibo de sus bondadosas líneas en que agradece otras de la infrascrita sobre él. Ni remotamente he pensado en juzgar, con criterio de sufragista, su labor. Soy muy mujer, pero esto mismo es ser lo bastante humana para seguir con cariño la obra del que se interesa en el bienestar de los humildes y en la educación nacional toda esta democracia genuina. Por otra parte, usted, es un orgullo para el magisterio[64].

En una postdata de una carta de diciembre de 1926, le advierte a Pedro Aguirre Cerda lo siguiente: "P.D. Le mandaré después unos artículos sobre feminismo en el que usted hallará su vieja idea –tan sabia– de las profesiones u oficios reservados a las mujeres. Han ido a una revista yanqui. Le será grato ver que sus ideas no se pierden… ni en mano de católica"[65].

---

[64] Ibíd.

[65] Ibíd.

En 1938, Gabriela Mistral le escribe una carta a Carmela Echeñique manifestando su preocupación sobre lo que pasa en la Universidad de Chile. En ese tiempo, comienza un intercambio epistolar con el dirigente de la Juventud Conservadora (Cristiana posteriormente), Eduardo Frei Montalva:

> No puede esperarse sino anarquía en los sesos de una juventud gobernada por el zonzo de Juvenal Hernández, el monigote apresado por sus discípulos en la Universidad. Chile necesita lo que no le darán: una cura de clásicos y una formación buena -mística cristiana en la línea de Jacques Maritain[66]. Aguirre no se la dará, aunque lo desee, porque la masonería tendrá que gobernar más que nunca la enseñanza. Me dijo Aguirre al despedirse de mí que si era Pres., [Presidente] haría una sola cosa al estilo fascista: llevarme a Chile por la fuerza. Yo me di clara cuenta...

En carta Eduardo Frei de junio de 1940, la poetisa señala que: "Nunca he entendido el odio negro y ciego de J. Prieto hacia (él, porque) Aguirre que ha sido muy poco odiado en su vida: no tiene pasiones envenenadas y hay en él una especie de humor cordial empleando la palabra medieval, y le confiesa con sinceridad: Me da mucho dolor sentir el tono agrio y grosero en que se ha puesto la prensa de *los dos cabos* (de Chile). Es muy mal camino; la intemperancia de lengua lleva a los puños y la procacidad no (honra) da honra a ninguna lucha..., y concluye con desparpajo: Voy a decir algo de esto al Presidente[67].

El 25 de noviembre de 1941, Pedro Aguirre Cerda fallece. Gabriela Mistral, a raíz de lo sucedido, le escribe a Carmela Echenique, Carlos Errázuriz, Tomic y Frei:

> La prensa ha tratado aquí, sin embargo, con una generosidad enorme al Presidente Aguirre; ha sido una explosión de alabanzas. La noticia de la muerte de D. Pedro nos asombró

---

66 Filósofo francés, uno de los más destacados defensores del neotomismo, a partir del cual se propuso edificar una metafísica cristiana a la que denominó "filosofía de la inteligencia y del existir".

67 Tagle, Matías (2002). Gabriela Mistral y Pedro Aguirre Cerda, *op. cit.*

aquí creo que a todos; se había dicho y asegurado que su enfermedad, no era real. Todavía me cuesta creerla y guardo cierto remordimiento respecto de él: dejé de escribirle, por verle atollado en su marisma de masones y de comunistoides; me pareció inútil e ingenuo: en él no podían sino sus allegados. Pero es la verdad que se ha muerto un hombre bueno, cuyos errores uno por uno no pueden contarse como cosa salida de raíces malas suyas sino de esto más o menos: su bondad niña de chileno viejo, casi de hacendado crédulo; su fidelidad a amigos a quienes se dio, porque la derecha no le ofreció otros; su profunda ignorancia de la situación del mundo europeo y de lo que ocurre en este momento; la fatalidad de ser masón y la mentalidad de éstos, que es de la mediocridad y de la angostura que sabemos. Dios lo haya recibido en su reino, porque tuvo una disidencia muy importante respecto del chileno: *no tenía crueldad ni matonería*, y estos vicios son tan graves en nuestra raza que han de ser muy odiosos al Señor. Me interesa mucho saber si solo recibió la extremaunción o *si realmente se confesó*. Dígame algo de ello uno de ustedes"[68].

Pedro Aguirre Cerda, años antes había señalado respecto a Gabriela Mistral que ella pertenece a esa oleada de escritoras, entre las que están nombres como los de Delmira Agustini, Juana de Ibarbourou y Alfonsina Storni que aparecieron en los inicios del siglo XX en Hispanoamérica y que constituían la Cruz del Sur.

Para algunos autores, Gabriela Mistral es parte del primer movimiento feminista de América Latina el que fue conceptualizado como un "feminismo[69] aristocrático"[70] que se caracterizaba por una sensibilidad estética, una visión de mundo y hasta un modo de vida de un conjunto significativo de mujeres de la clase alta chilena de comienzos del siglo veinte, mujeres que se interesaron por la literatura y el

---

[68]   Ibíd.

[69]   Gabriela Mistral nunca se definió como feminista. Para ella los derechos de la mujer y de los hijos tenían la misma importancia.

[70]   Véase Subercaseaux, Bernardo (2001). Inés Echeverría (Iris) *Alma femenina y mujer moderna. Antología*. Santiago: Cuarto Propio.

arte, que descubrieron a Henrik Ibsen[71] y Henri Bergson[72], a Maurice Maeterlinck[73], Rabindranath Tagore[74] y Ralph Waldo Emerson[75]; mujeres que desde un piso cultural católico se abrieron a otras dimensiones de la espiritualidad: al misticismo, al espiritismo, hinduismo y a la Teosofía[76].

Recordemos, que entre 1890 y 1925 –como señala Asunción Lavrin– los partidos políticos de centro y de izquierda promovían al Estado como entidad que debería regular e intervenir en procesos relativos a justicia, educación, legislación y salud. "Quienes proponían reformas y cambios en la época se dividían en cuatro grupos, entre ellos, el feminista, liderado por quienes [...] procuraban convencer a los hombres de que las mujeres eran ciudadanas que con su trabajo e inteligencia colaborarían en la tarea de construir una nación mejor. No se las debía marginar de ningún plan de cambio y progreso"[77].

Asunción Lavrin marca otro punto que, en la fecha en que estamos, resulta vital: "Las constituciones adoptadas a nuestras repúblicas [...]

---

[71] Dramaturgo noruego, uno de los renovadores del teatro universal.

[72] Filósofo francés. Llamado *el filósofo de la intuición*, Bergson buscó la solución a los problemas metafísicos en el análisis de los fenómenos de la conciencia. En el terreno filosófico, reactualizó la tradición del espiritualismo francés y encarnó la reacción contra el positivismo y el intelectualismo de finales de siglo.

[73] Escritor belga de expresión francesa, que perteneció al movimiento simbolista. Miembro de una vieja familia flamenca, se educó en un colegio de jesuitas. La naturaleza y la poesía ocuparon un lugar importante en su adolescencia y más tarde lo llevaron a renunciar a la profesión de abogado para consagrarse a la literatura.

[74] Escritor indio. Es el más prestigioso escritor indio de comienzos del siglo XX. De origen noble, era el último de los catorce hijos de una familia consagrada a la renovación espiritual de Bengala, y se educó junto a su padre en el retiro que éste tenía en Santiniketan. En 1878 fue enviado a Gran Bretaña, donde estudió literatura y música.

[75] Poeta y filósofo estadounidense. Maestro por Harvard y pastor unitario (1829), renunció al sacerdocio (1832) tras perder a su esposa, aunque conservó el espíritu de su secta (que niega la Trinidad). En Europa, conoció a Coleridge, Wordsworth y Carlyle y se inició en el idealismo alemán. Bajo el influjo de Carlyle, defendió la teoría trascendentalista, que sostiene que la esencia de las cosas se logra mediante un proceso de contemplación, intuición y éxtasis.

[76] Zaldívar, María Inés (2006). Gabriela Mistral y sus "locas mujeres" del siglo veinte, Taller de Letras N° 38, 165p.

[77] Romero Quintana, Laura (2014). Discursos críticos de mujeres intelectuales chilenas y costarricenses, 1920-1950, Tesis para optar al grado de Magister en Estudios Latinoamericanos, Centro de Estudios Latinoamericanos, Facultad de Filosofía y Humanidades, Universidad de Chile, 38p.

dotaron a la mujer de nacionalidad por nacimiento en el territorio nacional, pero no de ciudadanía. [...] Ningún código civil en latinoamérica en el siglo XIX adoptó el concepto de igualdad entre los sexos"[78].

> Fue en medio de una sociedad pacata, con la mujer sumida aún en el sopor de un profundo sueño, cuando Lucila en sus juveniles 17 años lanza uno de sus primeros escritos de protesta, mostrando preocupación por la situación social de su época, como se refleja claramente en el artículo de su autoría, aparecido en el diario "La Voz de Elqui", en Vicuña, un 8 de marzo de 1906, con el título "La instrucción de la mujer", uno de los mejores análisis críticos del siglo XX, acerca de la valoración desmedrada e ilegítima de la persona humana femenina, y que el periódico elquino entregó a sus lectores, previo anuncio de su director comunicando: "nos es grato recomendar muy altamente, en especialidad a las señoras, un interesante artículo firmado por la aventajada escritora señorita Lucila Godoy i Alcayaga que se publica en la primera página de este periódico", agregando "Esperemos que el bello sexo comprenderá en su verdadero mérito el artículo aludido, pues es recomendable, tanto por su forma como en el fondo[79].

A continuación, veremos este texto:

La instrucción de la mujer

> *Retrocedamos en la historia de la humanidad buscando la silueta de la mujer, en las diferentes edades de la Tierra. La encontraremos más humillada y más envilecida mientras más nos internemos en la antigüedad. Su engrandecimiento lleva la misma marcha de la civilización; mientras la luz del progreso irradia más poderosa sobre nuestro globo, ella, agobiada, va irguiéndose más y más.*

---

[78] Lavrin, Asunción (2005). Mujeres, feminismo y cambio social en Argentina, Chile y Uruguay 1890-1940. Santiago: Centro de Investigaciones Diego Barros Arana.

[79] Barboza, Eliseo (2012). Apuntes para una historia. Luz y Esperanza, *op. cit.*, 270p.

Y es que a medida que la luz se hace en las inteligencias, se va comprendiendo su misión y su valor y hoy ya no es la esclava de ayer sino la compañera igual. Para su humillación primitiva, ha conquistado ya lo bastante, pero aún le queda mucho de explorar para entonar un canto de victoria.

Si en la vida social ocupa un puesto que le corresponde, no es lo mismo en la intelectual aunque muchos se empeñen en asegurar que ya ha obtenido bastante; su figura en ella, si no es nula, es sí demasiado pálida.

Se ha dicho que la mujer no necesita sino una mediana instrucción, y es que aún hay quienes ven en ella al ser capaz sólo de gobernar el hogar.

La instrucción suya, es una obra magna que lleva en sí la reforma completa de todo un sexo. Porque la mujer instruida deja de ser esa fanática ridícula que no atrae a ella sino la burla: porque deja de ser esa esposa monótona que para mantener el amor conyugal no cuenta más que con su belleza física y acaba por llenar de fastidio esa vida en que la contemplación acaba. Porque la mujer instruida deja de ser ese ser desvalido que, débil para luchar con la Miseria, acaba por venderse miserablemente si sus fuerzas físicas no le permiten ese trabajo.

Instruir a la mujer es hacerla digna y levantarla. Abrirle un campo más vasto de porvenir, es arrancar a la degradación muchas de sus víctimas.

Es preciso que la mujer deje de ser mendiga de protección; y pueda vivir sin que tenga que sacrificar su felicidad con uno de los repugnantes matrimonios modernos; o su virtud con la venta indigna de su honra.
Porque casi siempre la degradación de la mujer se debe a su desvalimiento.

¿Por qué esa idea torpe de ciertos padres, de apartar de las manos de sus hijos las obras científicas con el pretexto de que cambie su lectura los sentimientos religiosos del corazón?

¿Qué religión más digna que la que tiene el sabio?

¿Qué Dios más inmenso que aquel ante el cual se postra el astrónomo después de haber escudriñado los abismos de la altura?

Yo pondría al alcance de la juventud toda la lectura de esos grandes soles de la ciencia, para que se abismara en el estudio de esa Naturaleza de cuyo Creador debe formarse una idea. Yo le mostraría el cielo del astrónomo, no el del teólogo; le haría conocer ese espacio poblado de mundos, no poblado de centellos; le mostraría todos los secretos de esas alturas. Y, después que hubiera conocido todas las obras, y después que supiera lo que es la Tierra en el espacio, que formara su religión de lo que le dictara su inteligencia, su razón y su alma. ¿Por qué asegurar que la mujer no necesita sino una instrucción elemental?

En todas las edades del mundo en que la mujer ha sido la bestia de los bárbaros y la esclava de los civilizados, ¡cuánta inteligencia perdida en la oscuridad de su sexo! ¡Cuántos genios no habrán vivido en la esclavitud vil, inexplotados, ignorados! Instrúyase a la mujer; no hay nada en ella que le haga ser colocada en un lugar más bajo que el del hombre. Que lleve una dignidad más al corazón por la vida: la dignidad de la ilustración. Que algo más que la virtud le haga acreedora al respeto, a la admiración y al amor.

Tendréis en el bello sexo instruido, menos miserables, menos fanáticas y menos mujeres nulas.

Que con todo su poder, la ciencia que el Sol, irradie en su cerebro.

Que la ilustración le haga conocer la vileza de la mujer vendida, la mujer depravada. Y le fortalezca para las luchas de la vida.

Que pueda llegar a valerse por sí sola y deje de ser aquella creatura que agoniza y miseria, si el padre, el esposo o el hijo no le amparan.

¡Más porvenir para la mujer, más ayuda!

Búsquesele todos los medios para que pueda vivir sin mendigar la protección. Y habrá así menos degradadas. Y habrá así menos sombra en esa mitad de la humanidad. Y más dignidad en el hogar. La instrucción hace noble los espíritus bajos y les inculca sentimientos grandes.

Hágasele amar la ciencia más que a las joyas y las sedas.

Que consagre a ella los mejores años de su vida. Que los libros científicos se coloquen en sus manos como se coloca el Manual de Piedad.

Y se alzará con toda su altivez y su majestad, ella que se ha arrastrado desvalida y humillada.

Que la gloria resplandezca en su frente y vibre su nombre en el mundo intelectual.

Y no sea al lado del hombre ilustrado ese ser ignorante a quien fastidian las crónicas científicas y no comprende el encanto y la alteza que tiene esa diosa para las almas grandes.

Que sea la Estela que sueña en su obra Flammarion; compartiendo con el astrónomo la soledad excelsa de su vida; la Estela que no llora la pérdida de sus diamantes ni vive infeliz lejos de la adulación que forma el vicio deplorable de la mujer elegante.

Honor a los representantes del pueblo que en sus programas de trabajo por él incluyan la instrucción de la mujer; a ellos que se proponen luchar por su engrandecimiento, ¡éxito y victoria!

Lucila Godoy Alcayaga, Vicuña, 8 de marzo de 1906.

Capítulo 2: La Teosofía y la Orden Rosacruz

Luego iré espolvoreando tierra y polvo de rosas,
y en la azulada y leve polvareda de luna,
los despojos livianos irán quedando presos.
Sonetos de la Muerte I. Gabriela Mistral.

La Teosofía tiene su etimología del griego *Theo*, "Dios", y *sofía*, "sabiduría". Podemos definirla como una doctrina esotérica, cuyo movimiento es el teosofismo, que sostiene que "todas las religiones constituyen intentos del hombre de acercarse a lo divino y que, en consecuencia, cada religión posee una porción de la verdad universal o, dicho de otro modo, todas abordan los mismos hechos, aunque cada una utilice un prisma cultural e histórico propio"[80].

Para los partidarios de esta doctrina, la Teosofía es el estudio comparado de religiones, filosofías y ciencias, buscando lo que haya en ellas de Sabiduría Divina (Teosofía).

El movimiento teosófico moderno fue impulsado por Helena Blavatsky que junto con Henry Steel Olcott, William Quan Judge, y otros, fundó la Sociedad Teosófica en 1875. Constituye un movimiento de origen cristiano y esotérico, occidental, influido por el budismo y directamente relacionado con los movimientos espiritistas de finales del siglo XIX y las diversas sectas gnósticas y rosacruces[81].

---

[80] Rincón de Dios. La Teosofía. http://www.rincondedios.com/rincon-teo.htm

[81] Orden Rosacruz de Chile. Tradición Rosacruz. "Dicen las crónicas Rosacruces que, hace más de seiscientos años, un joven llamado Christian Rosenkreutz, ansioso del conocimiento que le hiciese Maestro de la Vida y Artífice de su propio Destino, emprendió un viaje hacia tierras de Oriente. Llegado a la ciudad simbólica de Damcar fue recibido por los Sabios de la misma y allí le transmitieron sus secretos, que él desarrolló y mejoró. Después de algunos años de estudios en los que tuvo acceso a los más profundos secretos que transmitían a los elegidos las más altas

Para Eduardo Devés y Ricardo Melgar es necesario entender la Teosofía-teosófico en un sentido amplio, como:

> Conjunto de creencias y/o prácticas que contemplan en primer lugar la posibilidad de contactarse con lo sobrenatural a través del espiritismo, que se identifica con cierto espiritualismo orientalista, que acentúa un comportamiento (o una ética) de la hermandad universal. Al interior de estas tendencias hubo escuelas y posiciones bastante contrapuestas[82].

Una definición más formal del *Concise Oxford Dictionary* describe la Teosofía como:

> Una de las varias filosofías que profesan alcanzar el conocimiento de Dios a través del éxtasis espiritual, intuición directa, o relaciones individuales especiales, en particular un movimiento moderno que sigue las enseñanzas hindúes y budistas y que busca la fraternidad universal[83].

El cuerpo fundamental de la Teosofía está en varios de los escritos de H. P. Blavatsky pero principalmente en el libro *La doctrina secreta*, de extensión considerable. "Consta de un texto presuntamente revelado, *Las Estancias de Dzyan*, y un comentario minucioso al mismo, en el que la autora va aportando material comparativo de fuentes religiosas varias (bíblicas, mesopotámicas, orientales, etc.)"[84].

El sello de la Sociedad Teosófica lleva la frase "no hay religión más elevada que la verdad"[85].

---

inteligencias y Sabios de la Humanidad, fue capaz de leer el *Libro del mundo*, donde se pueden desentrañar los misterios más profundos de la Naturaleza". https://www.ordenrosacruz.cl/logia-rosacruz-chile-tradicion

[82] Devés Valdés, Eduardo y Melgar Bao, Ricardo (1999). Redes teosóficas y pensadores, *op. cit.*, 138 p.

[83] Rincón de Dios. La Teosofía, *op. cit.*

[84] Ibíd.

[85] Véase Hemeroteca Prensa Libre http://www.prensalibre.com/revista-d/la-sociedad-gabriela-mistral-y-el-movimiento-teosofico-en-guatemala

En 1983, el tibetólogo David Reigle relacionó a *Las Estancias de Dzyan* con los secretos libros de Kiu-Te[86] que en la actualidad han sido "positivamente identificados" y que los estudiosos de fines del siglo XIX también atribuían a la imaginación de Helena Blavatsky.

> A diferencia de otros movimientos catalogados de forma similar, las obras de Blavatsky no tienen un corpus rígido, sino que se presentan como la síntesis final y evolución lógica de cuantos movimientos religiosos y ocultistas han existido a lo largo de la historia. Su pretensión es explicar la evolución cósmica, planetaria y humana, fundiendo en un todo armonioso la religión, ciencia y mitología[87].

Los seguidores de la Teosofía mantienen que hay un cuerpo de verdad que constituye la base de todas las religiones. La Teosofía, afirman, representa una visión moderna del Sanatana Dharma, la Eterna Verdad, como la correcta religión del hombre. La Teosofía Cristiana es un término usado para designar el conocimiento de Dios y de Jesús obtenido a través de la intuición directa de la esencia Divina.

Los cinco símbolos más destacados en el sello de la Sociedad Teosófica son "Los dos triángulos[88] entrelazados, el Ankh[89], la esvástica invertida[90],

---

[86] Véase Reigle, David (1983). *The Books of Kiu-Te or the Tibetan Buddhist Tantras: A Preliminary Analysis (Secret Doctrine Reference Series)*.

[87] Rincón de Dios. La Teosofía, *op. cit.*

[88] Platón expone en el Timeo que el triángulo equilátero simboliza la armonía, la divinidad y la proporción. Y que el hombre se representa con la división en dos de ese equilátero, convirtiéndose en un triángulo rectángulo. Su tarea es recuperar esa parte «perdida» mediante un tránsito de regreso, evolutivo, y restablecer al fin del camino el equilibrio perdido.

[89] La cruz egipcia, conocida también como Ankh o Anj, era originalmente un jeroglífico egipcio utilizado para representar la palabra "vida". Por extensión, esta cruz se convirtió principalmente en un símbolo de la vida. Como es habitual en muchos símbolos de origen religioso o espiritual, no existe un único significado para este símbolo. A lo largo de la historia, este símbolo y sus variantes han sido utilizados por distintas culturas y religiones que le han dado distintos significados.

[90] La palabra "esvástica" proviene del sánscrito svastika, que significa "buena fortuna" o "bienestar". El motivo (una cruz en forma de gancho) aparentemente se utilizó por primera vez en la Eurasia del Neolítico, quizás para representar el desplazamiento del sol en el cielo. En nuestros días es un símbolo sagrado para el hinduismo, el budismo, el jainismo y el odinismo. Es común verla en templos o casas en India o Indonesia. Las esvásticas también tienen una historia antigua en Europa, ya que aparecen en

el uroboros[91], y encima del sello está el Aum[92] o palabra sagrada. Alrededor están escritas estas palabras: 'No hay religión más elevada que la verdad'"[93].

Eduardo Devés y Ricardo Melgar señalan que es importante manejar algunas definiciones de algunos diccionarios para comprender el significado "integral" que se le daba a la Teosofía en los años 20 del siglo XX.

Ellos mencionan:

> Teosofía: Doctrina de varias sectas que presumen estar iluminadas por la divinidad e íntimamente unidas con ella.

> Orientalismo: predilección por las cosas de oriente.

> Hinduismo: religión predominante en la India, procedente del vedismo y del brahmanismo antiguo.

> Teosofía: Doctrina que aspira a conocer la divinidad directamente de la revelación y de la especulación. Conjunto de creencias supersticiosas fundadas en la reencarnación de las almas.

---

artefactos de culturas europeas anteriores al cristianismo. Véase https://encyclopedia.ushmm.org/content/es/article/history-of-the-swastika

[91] También se conoce como ouróboros. Esta palabra proviene del griego   ó (ourobóros) que significa "serpiente que se come su propia cola". Su significado remite a la naturaleza cíclica de las cosas y a la idea del eterno retorno. En este sentido, ambas interpretaciones se refieren a la concepción de la existencia como un ciclo que siempre recomienza, y cuya continuidad consiste en un constante renacer como, por ejemplo, lo que se observa en el ciclo de las estaciones del año. De allí que el ouróboros también se asocie a la naturaleza cíclica del tiempo, donde el instante presente es eternamente devorado por el instante futuro, constituyendo una secuencia infinita de instantes que mueren y renacen a cada momento.

[92] Aum es un todo que representa la conciencia cósmica que todo lo abarca, turiya (el cuarto samadhi), más allá de las palabras y los conceptos: la conciencia de la cuarta dimensión, la autoexistencia pura, "Dios en la forma del sonido es Aum". De acuerdo con todas las ciencias espirituales (incluida la Biblia), primero Dios creó el sonido, y de estas frecuencias de sonido vino el mundo de los fenómenos. Nuestra existencia total está constituida por este sonido, que se convierte en un mantra cuando está organizado por un deseo de comunicarse, manifestarse, invocar o materializar, excitar o movilizar la energía manifestada o no manifestada.

[93] Rincón de Dios. La Teosofía, *op. cit.*

> Espiritismo: Creencia en la posibilidad de comunicarse mediante ciertas prácticas con el espíritu de los muertos. Prácticas de ocultismo basada en dicha creencia.

> Vedismo: Religión más antigua de los indios, contenida en los libros llamados vedas.

> Brahmanismo: religión de la India, que reconoce a Brahma como a dios supremo[94].

Los académicos afirman que más allá de las definiciones conceptuales, para el caso nos interesa sólo ese conjunto ecléctico de definiciones que en el lenguaje cotidiano de la época relacionan Teosofía, espiritismo, orientalismo e hinduismo o escuelas al interior de este universo[95].

Tras la muerte de Blavatsky, la Sociedad Teosófica (ST) pasó a ser dirigida por Annie Besant (1847-1929), en 1907, quien reorientó la ST hacia el "cristianismo esotérico" y amplió la influencia del ex clérigo anglicano Charles Leadbeater (1854-1934).

> Ambos participaron en la controversial adopción del niño indio Jiddu Krishnamurti como encarnación de Cristo. La enseñanza de la S.T. es ecléctica, ya que se basa en tradiciones orientales y occidentales, y uno de sus principales postulados es que la naturaleza posee, además de lo perceptible, regiones y poderes secretos, cuyo conocimiento puede lograrse a través de una relación más íntima entre ser humano y naturaleza, lo que le dará al primero el conocimiento de los "espíritus elementales". No obstante, tanto en la época de su fundadora como en la de Besant, la S. T. rechazó la corriente espiritista, con distinto énfasis[96].

---

[94] Devés Valdés, Eduardo y Melgar Bao, Ricardo (1999). *Redes teosóficas y pensadores*, *op. cit.*, 138 p.

[95] Ibíd.

[96] Rubio, Cecilia (2011). Narrativas del yo errante: persona y paisaje en los sueños de Gabriela Mistral, En A. Carrillo y C. Coltters (Eds.), Las huellas del yo. Memoria y subjetividad en la escritura de mujeres latinoamericanas, Puebla, Instituto de ciencias sociales y humanidades "Alfonso Vélez Pliego", Benemérita Universidad autónoma de Puebla, Editorial Universidad de Concepción, 146p.

Uno de los temas más importantes que está presente en la Teosofía y en otras religiones antiguas y modernas es el de la reencarnación. La filosofía de la reencarnación es más antigua que la más remota antigüedad atribuida al mundo puesto que es el corolario indispensable de la inmortalidad del alma[97].

> La reencarnación, se menciona en las grandes epopeyas de los hindúes como un hecho innegable en el cual se basa la moralidad. Indiscutiblemente los Egipcios enseñaban esta doctrina y su concepto de ella, conforme la interpretación sacerdotal, se muestra en el clásico *Libro de los muertos*, una de sus principales Escrituras, que describe la ruta seguida por el alma después de la muerte, copia del cual se depositaba en cada ataúd[98].

Por otro lado, en la antigua religión persa, apenas se la percibe en los escritos hoy existentes del "*Avesta*" cuya mayor parte se perdió irremisiblemente, "si bien hay un pasaje en el "Vandidád" (el más ortodoxo de los libros zoroastrianos) que se refiere a la doctrina de la transmigración de la vida animal"[99].

> El Buddha la enseñó constantemente, hablando de sus anteriores nacimientos. Entre los remanentes de las antiguas razas del continente americano, esparcidos aquí y allá, se encuentran ocasionalmente dicha creencia como por ejemplo, entre los indios Zuni. Los hebreos de hoy parece que no aceptan la reencarnación, si bien se alude a ella en la Kábala[100].

P. Pavri sostiene que en la "Sabiduría de Salomón" se afirma que el nacer en un cuerpo sin lacra era la recompensa de "ser bueno".

> Algunos pocos millares de quienes son reconocidos como cristianos creen ahora en ella; si bien el sistema cristiano

---

[97] Pavri, P. (2015). Teosofía explicada: Preguntas y Respuestas, Madrid, Publicaciones LDS.
[98] Ibíd.
[99] Ibíd.
[100] Ibíd.

actual la rechaza, por más que el Cristo la aceptó cuando dijo a sus discípulos, que Juan el Bautista era Elías. Orígenes, el más instruido de todos los Santos Padres Cristianos declaró que "cada hombre recibe su cuerpo de acuerdo con sus merecimientos y sus previas acciones"[101].

Los sufíes musulmanes sostienen tal creencia, la cual ha llegado hasta nosotros en la Edad Media por un sabio hijo del Islam, el poeta y místico persa Jalál-ud-Din Rumi[102].

Cabe recordar que el surgimiento de la Teosofía durante la segunda mitad del siglo XIX en Occidente va aparejado con el crecimiento del movimiento espírita y la Parasicología, desde una posición más científica racional.

En 1893, en San Petersburgo, Rusia, se publicó el libro *Animismo y Espiritismo* de Alexandr Nikoláievich Aksakov[103]. Posteriormente se analizaron diversos casos de *Poltergeit* [104] y fenómenos espontáneos de médium. Luego del triunfo de la revolución rusa, los estudios sobre esta temática continuaron.

---

[101] Ibíd.

[102] También conocido como Yalal ad-Din Muhammad Rumi nació el 30 de septiembre de 1207 en la provincia del Gran Jorasán de Persia (hoy Afganistán). Su padre Baha'uddin Walad, teólogo, jurista y místico lo introdujo en el sufismo. Alrededor de 1220 debió abandonar Persia a causa de las invasiones del imperio mongol, iniciando una peregrinación por varios países del Medio Oriente, conociendo así, numerosos maestros sufíes de la época. Ya convertido en maestro sufí, entre 1240 y 1244, se concentró en la enseñanza, la meditación y la ayuda a los pobres. En 1258 reunió en seis volúmenes su obra más importante, "Masnavi", considerada por muchos sufíes como en segundo lugar en importancia tras el Corán. Tras su muerte, sus discípulos fundaron "La Orden Mevleví" o de los "Derviches Giróvagos" en el siglo XIII (1299-1222). Véase Frases y pensamientos, frases de Rumi en http://www.frasesypensamientos.com.ar/autor/rumi.html

[103] En Europa, Aksakov se hizo conocido por su estudio de la mediumnidad con la británica Mme. D'Esperance, a quien luego elogió como una persona honesta, sincera y de un talento misterioso. Investigó también a la médium Eusapia Paladino. Fernández, Juan Miguel (2013). Científicos espíritas del Siglo XIX, Revista Espírita de la Federación Espírita Española, N°5, marzo, 13p.
http://www.espiritismo.cc/Descargas/Revistas/RevistaFEE5.pdf

[104] Doctrina que atribuye ciertos fenómenos "paranormales" a la acción de un espíritu, es decir, de un alma desencarnada. "Según el Espiritismo, la inteligencia humana no desaparece después de la muerte. Continúa evolucionando en un medio que no está condicionado por el espacio y el tiempo, y puede manifestarse a los vivos por mediación de los "médiums" (E.I.S.).

En 1920, V. Bekhterev comenzó a estudiar la percepción extrasensorial. Junto con el entrenador de perros V. L. Dúrov, estudió el efecto de la sugestión en la distancia en un grupo de animales entrenados. En 1928, L. L. Vasilyev, viajó en misión científica a Alemania y Francia para debatir sobre los trabajo de la metapsicología en el Instituto Internacional de Berlín y el Instituto Internacional de Metapsíquica de Francia. De esta manera, se establecieron contactos entre destacados parapsicólogos extranjeros[105].

En Occidente, la situación fue similar: En 1882, en Inglaterra, se fundó la Sociedad para la Investigación Psíquica. En 1884, se creó la *Society for Psychical Research* (S.P.R.). Ambas instituciones realizaron innumerables investigaciones sobre los fenómenos paranormales. En 1918, en París, surgió el Instituto Internacional de Metapsíquica. En Estados Unidos, Joseph Banks Rhine y su esposa Louisa Rhine, empezaron a iniciarse en la Metapsíquica cuando todavía eran estudiantes en Chicago.

En 1925 obtuvieron ambos el grado de Bachiller en Ciencias, y luego el de Doctor. A partir de 1927, emprendieron experimentos sistemáticos de telepatía y clarividencia.

Pero volvamos a la Teosofía, en 1875, en la ciudad de Nueva York, "la señora H. P. Blavatski y el coronel H.S. Olcott, fundan la Sociedad Teosófica proyectándola sobre las principales ciudades europeas y más triangular y tenuemente sobre las ciudades latinoamericanas"[106].

Sin embargo, ya para 1866, en un pueblo cercano a la ciudad de México, se había erigido la figura de Roque Rojas[107] bajo la presunta inspiración del profeta Elías, como padre del espiritualismo trinitario mexicano. Los vínculos con la tradición teosófica estadounidense han sido ratificados para tan

---

[105] Salinas, Sergio (2016). Jaime Galté...El más grande médium de nuestra historia...El maestro espiritual más allá del tiempo..., Santiago, Grupo de Estudios Jaime Galté, 16p.

[106] Devés Valdés, Eduardo y Melgar Bao, Ricardo (1999). Redes teosóficas y pensadores, *op. cit.*, 137-140p.

[107] Véase 144000, Roque Rojas, el elegido del Tercer Tiempo.
http://es.144000.net/articulos/roque_rojas_el_elegido_del_tercer_tiempo.htm

temprana fecha por otro estudio sobre el espacio veracruzano, aunque marcando las distancias simbólicas y rituales con los discípulos de Alan Kardec[108]. Los espiritualistas trinitarios marianos seguidores de Roque Rojas, reelaboraron el campo teosófico de su fundador y definieron a sus locales como templos de luz, para contrastarlos con los de "media luz", propios a los espiritualistas seguidores de Kardec.

Una *sui generis* elaboración le permite reconciliar, a esta variante teosófica mexicana, a los íconos del culto católico con los propios de su inventado pasado prehispánico, acompañados de los espíritus de los que en vida fueron considerados benefactores locales de la salud.

Sin embargo, a pesar de compartir un origen común, Serge Hutin enumera una serie de diferencias entre el espiritismo y la Teosofía.

En primer lugar, "mientras que el espiritismo se presenta como una revelación accesible a todo el mundo, el teosofismo se ofrece como un esoterismo basado en las más antiguas tradiciones sagradas. Además los teósofos dicen provenir de tradiciones orales directas y tener incluso contacto con maestros invisibles por medio de ejercicios secretos de meditación.

---

[108] Hippolyte Léon Denizard Rivail, conocido bajo el seudónimo de Allan Kardec, nació en Lyon, Francia, en 1804. Estudio en el Instituto Yverdon en Suiza, fundado y dirigido por J. H. Pestalozzi (1746-1827), el hombre que logró revolucionar la educación europea. Pero en 1848, en los Estados Unidos, habían sucedido unos hechos que iban a cambiar toda la filosofía de Rivail y a influenciar la de millones de otras personas. En el hogar de la familia Fox, en Hydesville, Nueva York, las mesas se movían solas y se oían misteriosos golpecitos, que aparentemente provenían de los "espíritus" de los muertos. Esto significó el surgimiento del movimiento espiritualista, que iba a hacer furor en París, así como en otras ciudades europeas. El año siguiente, publicó más de 500 preguntas, respuestas y comentarios personales bajo el título de *Le livre des esprits* (*El libro de los espíritus*), que revisó y aumentó tres años más tarde. Sus obras principales fueron: *El libro de los espíritus* (1857 y 1860), *El libro de los médiums* (1861), *El Evangelio según el espiritismo* (1864) -publicado en España en 1978-, *Cielo e infierno* (1865) y *Génesis* (1867). A pesar de su fe inconmovible en la comunicación con los espíritus de los muertos, la filosofía de Kardec no formaba parte de la corriente espiritualista sino que era, según sus palabras, espiritista. La diferencia era crucial para los seguidores de ambas filosofías, y les condujo por caminos muy distintos. Véase Mundo Paranormal, Allan Kardec
http://www.mundoparanormal.com/docs/fantasmas/allan_kardec_en_busca_espiritus.html

En el teosofismo hay toda una serie de enseñanzas que sólo se comunican a los miembros iniciados". En segundo término, "el teosofismo condena de manera explícita la evocación de los muertos, es decir, el fundamento experimental del espiritismo". Por último, las concepciones teosóficas acerca de los componentes del cuerpo y del alma humana, de la metafísica, de la religión, de la visión del universo y de la divinidad son mucho más complejas que las del espiritismo, lo cual explica que la Teosofía atrajera generalmente a minorías[109].

Hacia 1879, el pensamiento teosófico internacional confundiéndose con la "corriente mística oriental", decide fijar un puente permanente en la India al constituir una sucursal indeleble de la Sociedad Teosófica en Bombay, desde donde editaron su vocero *The Theosophist*. Sin lugar a dudas, la búsqueda de un territorio primordial en la India, cumplió una función legitimadora del creciente movimiento teosófico americano y más tarde europeo.

A fines del siglo XIX, la Teosofía había logrado una visibilidad social sorprendente en algunas de las principales ciudades del mundo.

En el viejo continente, Madrid y Barcelona competían con París y Londres como polos de la difusión de las ideas teosóficas, sin olvidar el ingreso ulterior de algunas ciudades coloniales británicas en la India como la portuaria y fortificada Madrás o la santa Benarés (Varanasi), eje de peregrinación hindú, situada a la izquierda del rio Ganges. La convergencia de las diversas sociedades y escuelas teosóficas en su segundo congreso internacional (París, 1889), logró consensuar y resumir sus principios fundamentales en torno a: el espiritismo científico o filosófico, la reencarnación, la mediumnidad, los fenómenos y el fluidismo. Un año más tarde en el tercer congreso celebrado en París, se

---

[109] Hutin, Serge (2001). El espiritismo y la sociedad teosófica, en Puech, Henri-Charles. Historia de las religiones. Las religiones constituidas en Occidente y sus contracorrientes II, Vol. 8, México, Siglo XXI Editores, 374p.

acordó distinguir cuatro corrientes: la teosófica, la magnética, la hermética y la espírita pura[110].

Annie Besant en sus libros *Lecturas populares deTeosofía* y *El gobierno interno del Mundo,* este segundo un compendio de conferencias pronunciadas en la India en 1920 y posteriormente en Londres en 1924, explica con detenimiento las claves que permiten al mundo moderno occidental encarar sus problemas para alcanzar un desarrollo más armónico y equitativo.

> Parte de la base de que es en la naturaleza donde se generan las desigualdades entre las razas y los géneros, pero estas diferencias no se producen en el espíritu, donde las razas se encuentran en un plano de unidad e igualdad como seres humanos. Esta idea de la igualdad de géneros y de razas va a ser un presupuesto novedoso en el pensamiento latinoamericano a partir de los principios teosóficos. En su teoría sobre la evolución de los grupos raciales plantea que la raza primigenia es la aria, de la que proceden todos los pueblos eslavos y germanos. A cada raza le corresponden unos aspectos –físico, emocional y mental– así como un desarrollo espiritual determinados, pero este hecho no las convierte en inferiores o superiores, sino que simplemente son diferentes. Considera que se abre un nuevo período de evolución en el que la raza americana será la síntesis de las anteriores[111].

Annie Besant sostiene que:

> La Teosofía no es cosa que pueda arrojarse y martillarse (por grado o por fuerza) en la cabeza o el corazón de cualquiera. Debe asimilarse con facilidad en el natural curso de la evolución, debe ser aspirada e inhalada como el aire que nos rodea. De lo contrario, valiéndose de una expresión común, causaría indigestión[112].

---

[110] Devés Valdés, Eduardo y Melgar Bao, Ricardo (1999). Redes teosóficas y pensadores, *op. cit.,* 137-141p.

[111] Casaús Arzú, Marta (2001). Las redes teosóficas de mujeres, *op. cit.,* 247-248p.

[112] Besant, Annie (1920). La Doctrina del corazón, Lima, Orden Martinista del Perú – Grupo Lucian Chamuel N°37, Círculo Acanto N° 19, 21p.

Otro miembro de la Teosofía fue el sacerdote anglicano Charles W. Leadbeater[113]. Su interés por el espiritualismo hizo que él terminara su afiliación con el Anglicanismo a favor de la Sociedad Teosófica, donde se hizo un socio de Annie Besant. Se hizo un oficial superior de la sociedad, pero dimitió en 1906 entre un escándalo[114]. Las acusaciones de sus detractores nunca se probaron y, con la ayuda de Besant, se admitió de nuevo unos años más tarde. Leadbeater continuó a escribir más de 69 libros y folletos que examinaron detalladamente el lado escondido de la vida, así como mantenga compromisos de hablar regulares. Sus esfuerzos de parte de la sociedad aseguraron su estado como uno de sus miembros principales hasta su muerte en 1934.

Uno de los temas más importantes que está presente en la Teosofía y en otras religiones antiguas y modernas es el de la reencarnación. La filosofía de la reencarnación es más antigua que la más remota antigüedad atribuida al mundo puesto que es el corolario indispensable de la inmortalidad del alma[115]. Gabriela Mistral hasta sus últimos días creyó en la reencarnación.

2.1. La Teosofía en América Latina

En América Latina, al lado de la Teosofía resurgió una variada gama de corrientes espiritualistas y nativistas (indigenistas, orientalistas), sustentadas en muchas redes a veces yuxtapuestas, pero que no conflictuaron el quehacer político o intelectual de sus adherentes. "Se podía indistintamente además de teósofo, ser autodidacta, masón, católico y socialista, o en su variante, ser librepensador, protestante y aprista. Otras posibilidades aluden al anarquismo y comunismo"[116].

---

[113] Leadbeater escribió mucho sobre reencarnación. Algunos de sus libros son A Los Que Lloran; Antiguos Ritos Misticos; Aura Humana Y Anales Akashicos; Clarividencia; El Hombre; El Pensamiento; El Plano Astral.; El Plano Mental; En El Crepusculo; Hombre Visible Invisible; La Ciencia De Los Sacramentos; La Vida Interna;
La Vida Oculta En La Masoneria; Los Chakras; Los Espiritus De La Naturaleza; Los Maestros Y El Sendero.;
Protectores Invisibles, entre otros.

[114] Véase https://www.tsering.cl/hermandad/articulos/leadbeater.htm

[115] Pavri, P. (2015). Teosofía explicada: Preguntas y Respuestas, Madrid, Publicaciones LDS.

[116] Devés Valdés, Eduardo y Melgar Bao, Ricardo (1999). Redes teosóficas y pensadores, *op. cit.*, 140p.

La Teosofía contribuyó a modelar, en algunos intelectuales y políticos de la región, un particular tipo de liderazgo mesiánico y a veces carismático:

> Fue el caso de Francisco Madero y José Vasconcelos en el México revolucionario; también fue el caso de César Augusto Sandino en Nicaragua y el de Víctor Raúl Haya de la Torre frente al aprismo continental y peruano. Algunos de nuestros teósofos latinoamericanos venidos a la política de manera coyuntural o permanente, confiaron cabalísticamente en las fechas símbolo, fastas o nefastas, para marcar o diferir sus respectivas insurgencias[117].

En América latina, la Teosofía buscó en su propio escenario cultural, "la coreografía de su novísima e inventada tradición, sea en la revisión de los trinitarios discípulos de Roque Rojas que inventan raíces prehispánicas o los propios de Joaquín Trincado[118] y su soñada hermandad hispánica universal"[119].

En 1898, con motivo del IV Congreso Espírita, América Latina logra un espacio relevante al convertir a Río de Janeiro en sede del evento. A partir de entonces, Brasil aparece como la sección pionera en el continente de la Sociedad Teosófica.

A pesar de la pérdida coyuntural de espacios por parte de las organizaciones teosóficas en Europa y en los Estados Unidos, en América Latina siguió gravitando con fuerza e incidiendo sobre sus espacios políticos. "La Escuela Magnético-Espiritual de la Comuna Universal (EMECU), fundada en la Argentina hacia 1911 por Joaquín Trincado,

---

[117] Ibíd.

[118] Nació el 19 de agosto de 1866 en la población Navarra de Cintruenigo en España, en el seno de una familia obrera. Realizó estudios con los jesuitas con quien estuvo 18 meses. Luego estudió electricidad. En 1903, cuando contaba con 37 años de edad, viajó a la Argentina en el carguero Berenguer el Grande. En Buenos Aires se hizo miembro de la asociación espiritista "La Constanza", dejando el grupo algún tiempo después con varios seguidores. En 1910 abrió "un oratorio" en su casa, en el que realizaba a diario espiritistas en las que participaban la médium hablante Mariana Palacios, el médium de posesión Pedro Portillo y el vidente José González. Véase http://soyespirita.blogspot.cl/2015/03/joaquin-trincado-eme-de-la-cu-no-es-lo.html

[119] Devés Valdés, Eduardo y Melgar Bao, Ricardo (1999). Redes teosóficas y pensadores, *op. cit.*, 137-141p

fue gradualmente expandiendo sus filiales por otros países, hasta alcanzar a México"[120].

2.2. Pensadores latinoamericanos y su afinidad teosófica

El costarricense Roberto Brenes Mesén[121] ingresó a la Sociedad Teosófica en 1908 y en 1910 fue presidente de una Logia. El poeta, que estudió en la Universidad de Chile hacia 1900, "reivindicó el 'paganismo', destacando la poesía y la personalidad de Juana de Ibarbourou"[122].

Por otro lado, el poeta peruano José Santos Chocano[123] se aproxima a la Teosofía al parecer inspirada por el ministro de Educación de México, José Vasconcelos[124], luego de que transitan hacia una lectura neopitagórica sobre el carisma divino, del que ambos se sentían portadores.

"Vasconcelos había publicado *Pitágoras, Una teoría del ritmo* (1916) en La Habana, mientras cumplía su destierro en la ciudad de Lima. En esa misma época publicó sus *Estudios indostánicos*"[125].

---

[120] Ibíd. 143p.

[121] Poeta, ensayista, filólogo y pedagogo costarricense, nacido en San José de Costa Rica en 1874 y fallecido en su ciudad natal en 1947. Autor de una extensa y profunda producción poética que, partiendo de los modelos formales y temáticos del Modernismo, fue evolucionando hacia otras inquietudes más hondas como la preocupación esotérica y la reflexión filosófica, está considerado como uno de los grandes renovadores de la poesía costarricense del siglo XX. Véase http://www. mcnbiografias.com/app-bio/do/show?key=brenes-mesen-roberto

[122] Devés Valdés, Eduardo y Melgar Bao, Ricardo (1999). Redes teosóficas y pensadores, *op. cit.*, 146.

[123] Encarcelado a los veinte años por actividades subversivas, ya en libertad emprendió una trepidante actividad política. Desempeñó diversos cargos diplomáticos en Colombia y en España, y fue consejero de Pancho Villa en México y de Estrada Cabrera en Guatemala, donde fue condenado a muerte (1924) a la caída del dictador; amnistiado, regresó a Perú, donde volvió a conocer la cárcel tras una oscura reyerta con un periodista. Véase http://www.biografiasyvidas.com/biografia/c/chocano.htm

[124] De Pitágoras a Vasconcelos parece atraerle el hecho de que este gran sabio y asceta hizo una filosofía inextricable de una percepción estética y científica del universo. Pitágoras encontró un origen de correspondencia entre la música, las matemáticas y la astronomía, unidas las tres por el número --lo que para Vasconcelos es el ritmo, la base de la filosofía que expone en este libro, según dice: "el número era símbolo de la percepción directa del ritmo". Véase https://pijamasurf.com/2016/06/libro-de-la-semana-pitagoras-una-teoria-del-ritmo-de-jose-vasconcelos/

[125] Devés Valdés, Eduardo y Melgar Bao, Ricardo (1999). Redes teosóficas y pensadores, *op. cit.*, 148.

Otro miembro de la Teosofía y grupos masónicos fue el líder nicaragüense César Augusto Sandino. Sandino en su segunda visita a México, accedió a la lectura de la revista *La Balanza*, que desde Buenos Aires dirigía el teósofo hispano-argentino Joaquín Trincado, cuyas ideas reforzaron su concepción sobre su liderazgo mesiánico.

También fue miembro de la Teosofía el poeta argentino Leopoldo Lugones. Este escritor, que posteriormente ocupará un lugar central en el campo literario e intelectual argentino, fue "el primer redactor de *Philadelphia*, la primera revista de los teósofos argentinos que será publicada en Buenos Aires entre 1892 y 1902"[126]. En 1898, instalado ya en la capital desde hace más de un año. Recordemos que Lugones, nacido en 1874, es natural de Córdoba. El escritor ingresa en la cofradía ocultista conocida como "Rama luz", perteneciente a la Sociedad Teosófica Argentina. Dos años más tarde, en 1900, Lugones es elegido Secretario General de la "Rama luz", hecho que viene a corroborar la importante labor que por aquellos años desempeña el escritor argentino dentro de la comunidad teosófica rioplatense. De este modo, no debe resultarnos extraña su frecuente participación en revistas como *Philadelphia* o *Sophia* en tanto que Miembro de la Sociedad Teosófica (como los restantes cofrades, sus escritos doctrinales aparecen firmados bajo las siglas identificativas M. S. T)[127].

También existieron figuras intelectuales vinculadas al anarquismo que abrazaron posiciones teosóficas, "como fue el caso de Ezequiel Redolat[128], Alberto Masferrer[129] y Miguelina Acosta[130], quienes a través de ella alimentaron sus propios proyectos utópicos"[131].

---

[126] Quereilhac, Soledad (2008). El intelectual teósofo: la actuación de Leopoldo Lugones en la revista Philadelphia (1898-1902) y las matrices ocultistas de sus ensayos del Centenario, Prisma. Revista de Historia Intelectual, N°12, Buenos Aires.

[127] Salazar Anglada, Aníbal (2000). Modernismo y Teosofía: La visión poética de Lugones a la luz de "Nuestras ideas estéticas", Anuario de Estudios Americanos, Tomo LVII, 2, 602p.

[128] Teósofo español director de la revista *Vida*.

[129] Escritor e intelectual salvadoreño. De personalidad polémica, fue una de las figuras más dinámicas de la vida cultural y política de su país y ejerció una fuerte influencia en las generaciones más jóvenes.

[130] Fue la primera abogada en el Perú que abrió su estudio al público, y ejerció su profesión defendiendo causas obreras y de mujeres.

[131] Aimes Navarro, Perla (2014). Teosofía, agnosticismo y paganismo en el pensamiento anarquista, Pacarina del Sur, año 5, N° 19, abril-junio. http://www.pacarinadelsur.

La simpatía de Masferrer por la filosofía oriental y sus representantes, tales como Buda, Confucio o Lao-Tsé, puede contemplarse a lo largo de su producción intelectual, en la que fueron exaltados como ejemplos a seguir en la conformación de Hispanoamérica[132].

En el caso de la poetisa chilena, los acercamientos entre Gabriela Mistral y José Vasconcelos se deben en gran medida gracias a la ligazón que entregó la Teosofía y el orientalismo. Vasconcelos, al respecto, señaló que:

> Gabriela era católica, y no lo ocultaba, por lo menos en su círculo de íntimos. Pero en aquel tiempo pasaba por ese período juvenil en que la inquietud religiosa parece hacer crisis. Período por el cual casi todos los intelectuales hemos atravesado. Mostrándose, pues, ella, un poco teósofa. El teosofismo fue para ella, y para mí, una novedad interesante, y atrajo a muchos espíritus en aquel momento, pues entonces fue cuando comenzó a conocerse en Hispanoamérica la filosofía indostánica"[133].

2.3. La Teosofía en Yucatán, México

Felipe Carillo Puerto nació el 8 de noviembre de 1874, en Motul, Yucatán. Fue el segundo de catorce hijos que tuvo el matrimonio formado por la señora Adela Puerto y el señor Justino Carrillo, que renunció al lucrativo cargo de jefe político durante el porfiriato[134]:

---

com/home/mascaras-e-identidades/952-teosofia-agnosticismo-y-paganismo-en-el-pensamiento-anarquista

[132] Casaus, Marta (2011). El vitalismo teosófico como discurso alternativo de las élites intelectuales centroamericanas en las décadas de 1920 y 1930. Principales difusores: Porfirio Barba Jacob, Carlos Wyld Ospina y Alberto Masferrer". REHMLAC, Vol. 3, N° 1, mayo-noviembre.

[133] Devés Valdés, Eduardo y Melgar Bao, Ricardo (1999). Redes teosóficas y pensadores, *op. cit.*, 148-149p.

[134] José de la Cruz Porfirio Díaz Mori (Oaxaca, 1830-París, 1915) nombre de este militar y estadista mexicano procede la designación de todo un periodo de la historia moderna de México: el Porfiriato (1876-1911). Y el mismo sufijo ya sugiere lo que fue: una férrea dictadura personalista y paternalista que reprimió toda oposición y anuló la

Cuando se dio cuenta de que su labor principal era "devolver a sus dueños los esclavos mayas que se hubieran escapado". Realizó sus estudios en la escuela oficial de su localidad y en Mérida; desde niño aprendió el maya y defendió a los mayas, motivación que lo acompañó el resto de su vida. También formó parte de una banda musical como flautista[135].

Fue parte del Centro Electoral Independiente que apoyó la fallida candidatura a gobernador de Yucatán del poeta Delio Moreno Cantón,

Y como parte de la campaña electoral editó el periódico *El Heraldo de Motul*, bisemanario en que denunciaba los abusos de los hacendados, lo que lo condujo otra vez a la cárcel y provocó la clausura de su periódico. Al salir de la prisión Delio Moreno Cantón, lo nombró corresponsal de la *Revista de Mérida*. Contrajo matrimonio con Isabel Palma, de la que se divorciaría al enamorarse de Alma Reed[136] [137].

En 1911 se unió al maderismo[138] y volvió a apoyar la candidatura de Cantón Moreno.

Pero regresó a la cárcel porque sus enemigos intentaron matarlo por medio de Néstor Arjonilla, quien lo retó y amenazó con una pistola, pero Carrillo disparó en defensa propia y fue recluido en la penitenciaría Juárez de Mérida, en donde se dedicó a traducir al maya la Constitución de 1857 a fin de que los indígenas conocieran sus derechos[139].

---

libertad de prensa. Véase http://www.biografiasyvidas.com/biografia/d/diaz_porfirio.htm

[135] Memoria política de México (2017). Felipe Carrillo Puerto. http://www.memoriapoliticademexico.org/Biografias/CPF74.html

[136] Ibíd.

[137] Véase Schuessler, Michael (2016). La correspondencia de Alma M. Reed y Felipe Carrillo Puerto: una microhistoria pasional y política, EntreDiversidades. Revista de Ciencias Sociales y Humanidades, N° 6, Universidad Autónoma de Chiapas.

[138] Francisco Ignacio Madero, llamado erróneamente Francisco Indalecio Madero; Parras de la Fuente, Coahuila, 1873 - México, 1913) Político mexicano cuyo pronunciamiento contra el régimen de Porfirio Díaz desencadenó la Revolución mexicana. Véase http://www.biografiasyvidas.com/biografia/m/madero.htm

[139] Memoria política de México (2017), *op. cit.*

En marzo de 1913 fue puesto en libertad cuando Venustiano Carranza se levantó en armas y se fue al sur del país a unirse al zapatismo. Al año siguiente Zapata le otorgó el grado de coronel de caballería y en 1915 formó parte de la tercera Comisión Agraria del distrito de Cuautla.

> En 1920, se unió al Plan de Agua Prieta, apoyó al general Álvaro Obregón para la presidencia de la República e hizo un llamado desde la Ciudad de México, gracias al cual el Partido Socialista Obrero de Yucatán se reorganizó y cambió su nombre a Partido Socialista del Sureste. Dos años después, fue nominado por ese Partido como candidato a la gubernatura de Yucatán, ganó la elección en noviembre de 1921 para el periodo 1922-1926 y tomó posesión el 1º de febrero de 1922. Su primer discurso como gobernador fue en lengua maya; prometió cumplir y hacer cumplir la Constitución federal, la local y las resoluciones adoptadas en los Congresos Obreros de Motul e Izamal[140].

En Yucatán, "la influencia teosófica estuvo presente a partir del último tercio del siglo XIX[141]; y después de la revolución fue determinante la llegada de Alma Reed[142], una propagandista entusiasta de las corrientes teosóficas norteamericanas"[143].

> Alma Reed llegó a Yucatán como corresponsal del *New York Times* y como colaboradora de una misión arqueológica norteamericana. Estableció una relación amorosa con Felipe Carrillo Puerto, a quien sin duda influyó tanto en materia teosófica como en materia de los planteamientos en torno a los derechos de las mujeres.

---

[140] Ibíd.

[141] En 1925, la revista *Teosofía en Yucatán* conmemoraba el 50 aniversario de la creación de la primera sociedad teosófica en la península, lo cual permite deducir que ésta debió haber comenzado a existir a fines de los años setenta.

[142] Véase para mayores detalles http://malvestida.com/2018/10/mexicanas-por-conviccion-alma-reed-la-eterna-peregrina/

[143] Urías Horcasitas, Beatriz (2008). El poder de los símbolos/los símbolos en el poder: Teosofía y "mayanismo" en Yucatán (1922-1923), Relaciones. Estudios de historia y sociedad, vol. XXIX, N° 115, 200-201p.

Fuera a través de la influencia de Alma, cuyas ideas e iniciativas se anunciaban en las páginas de la revista *Tierra*, o debido a la existencia de una intelectualidad influida por la Teosofía, el pensamiento y la propaganda política de Carrillo Puerto estuvo indudablemente marcada por esta corriente[144].

En los artículos publicados en *Tierra* no es raro encontrar que el término de "raza roja" aparezca frecuentemente bajo una doble connotación. Un primer sentido remite a la "doctrina roja": el socialismo. El segundo, a las doctrinas espiritualistas que recreaban el mito de una raza que fue la primera en poblar el planeta[145]:

> Baste, para nuestra gloria, que las tradiciones sagradas de la India asiática, las venerables tradiciones brahmánicas, afirmen que la Civilización comenzó en el planeta con la raza roja en América hace cincuenta mil años, cuando aún Europa y Asia estaban sepultadas bajo las aguas del mar[146].

Como señala Beatriz Urías Horcasitas, la "raza roja" era evocada en las celebraciones políticas que se realizaban en los sitios arqueológicos como Chichén-Itzá:

> El Alma de la raza roja magnificada, palpitó, y de todos los ámbitos acudieron los romeros del Ideal a auscultar su divino secreto [...] Como si se celebraran los viejos solsticios, viose al Juego de Pelota henchido de creyentes y espectadores, de los creyentes en el provenir de la raza, antes triste y aherrojada en prejuicios y dolor, y hoy de cara al porvenir y entrando a él por los pórticos sólidos y recios de la Escuela y el Trabajo. En la tribuna de "Los Tigres"

---

144 Ibíd., 201p.

145 La teosofía planteaba que el mundo sería dominado por siete razas que se sucederían unas a otras durante siete largos "ciclos de existencia". A partir de esta concepción, los teósofos yucatecos identificaron la antigua civilización maya con la "raza roja" que fue primera en establecer su dominio sobre la tierra. Si bien ninguna raza era superior a otras, los "ciclos de existencia" explicaban el predominio de alguna de ellas. Ibíd., 202p.

146 Mimenza Castillo, Ricardo (1923). El *Popol-Vuh*, su importancia y su trascendencia, *Tierra*, Órgano de la Liga Central de Resistencia, época III, N° 13, Mérida, 22 de julio, 27p.

resonó inconfundiblemente la voz de esa raza. Allí dijo su esperanza y su elación. Allí su triunfo y su gloria[147].

En tanto que una doctrina que permitía integrar dentro de una misma cosmovisión universal todos los cultos y todas las religiones –pasadas y presentes– la Teosofía yucateca hizo suyas las enseñanzas de los libros sagrados de los mayas, en particular el *Popol-Vuh*, lo cual explica que se entrelazara naturalmente con el "mayanismo".

> En 1923, *Tierra* anunciaba que el Departamento Cultural de la Liga Central de Resistencia del Partido Socialista del Sureste, "en su tenaz afán de popularizar los Analtés o Códices de nuestra historia", estaba haciendo circular una nueva edición del *Popol-Vuh* –"la Biblia de América"– debido a que "bajo las raras alegorías y símbolos hieráticos que este libro [...] se esconden las primitivas creencias y tradiciones de esa raza maravillosa, a la que la Arqueología trata de arrancar su secreto definitivamente"[148].

A partir de la conjugación de todos estos elementos, la nueva clase política vislumbraba el nacimiento de un México nuevo, gobernado por hombres superiores, que se levantan lo suficiente para que se les distinga desde todos los puntos del Continente.

> Entre estos hombres está Felipe Carrillo Puerto, alma mater del trascendental ensayo socialista de Yucatán, en anterior trabajo calificado por nosotros como el movimiento político-social de mayor importancia en la vida latinoamericana del presente. Ahí se halla también (Plutarco) Elías Calles, el más formidable baluarte defensor de la obra revolucionaria[149].

Otra destacada mujer que apoyo a Felipe Carrillo fue la exiliada española, Belén de Sárraga Hernández (Valladolid, 1874-México, 1951)[150].

---

[147] Urías Horcasitas, Beatriz (2008). El poder de los símbolos, *op. cit.*, 202p.

[148] Ibíd., 202p.

[149] Ibíd., 203p.

[150] La laicidad de Belén de Sárraga se inscribe en el marco de las corrientes deístas-espiritualistas del primer cuarto del siglo XX, donde confluyen, a manera de estratos yuxtapuestos e interrelacionados, las influencias obreristas, espiritistas, teosóficas, racionalistas, universalistas y anticlericales, el legado humanista de

Ella fue una feminista, del Partido Republicano Federal. Realizó giras de propaganda y prolongadas estancias en Iberoamérica.

Fue activista anticlerical durante la Revolución mexicana en los años 20, en la que realizó conferencias por todo el país auspiciadas por los gobiernos revolucionarios. Belén de Sárraga era amiga de Eloísa Zurita Arriagada, fundadora de la Logia Destellos de Antofagasta, a la que perteneció Gabriela Mistral.

El asesinato de Carrillo Puerto se produjo en 1924, sin que se estableciera quien había sido responsable de ello. La versión oficial es que fue perseguido y ejecutado por militares que se aliaron a la rebelión delahuertista y que lo traicionaron. El hecho es que pasó a la historia oficial como un "apóstol" o un "mártir" revolucionario cuyo proyecto progresista fue saboteado por los grandes intereses económicos.

A partir de la desaparición de Carrillo Puerto, la influencia de la Teosofía parece haberse desplazado del ámbito de la propaganda política hacia el de la construcción del mito acerca de la formación de una nueva raza y cultura mestiza en el nivel latinoamericano. En 1927, haciendo eco a las ideas de José Vasconcelos, una revista teosófica yucateca que se presentaba como "portavoz de los ideales de la nueva raza y de la nueva civilización", abordaba el tema de la unidad racial americana bajo un aura de misticismo[151]:

> Revela la enseñanza oculta que en la tierra de América se forma una sexta sub-raza; la más culta, y el amor sin pasión será su norma [...] En un milenio, entonces será adulta por el tiempo que todo lo transforma, y esa tosca urdimbre en que se oculta el alma, será Ánfora de luz, amor y aroma [...] Luciente llama del amor parece encenderse en el pecho de los hombres: gloriosa lumbre que se aviva y crece. Incrédulos de hoy, no les asombre: La obra del Señor del Amor es ese huerto de almas puras que hoy florece[152].

---

krausistas e institucionistas, los presupuestos de la Federación Internacional de Librepensamiento y de las diferentes corrientes masónicas. Véase https://laicismo.org/belen-de-sarraga-anticlerical-y-feminista/

[151] Urías Horcasitas, Beatriz (2008). El poder de los símbolos, *op. cit.*, 204p.

[152] Aranda, Primo F (1927). La sexta sub-raza, Teosofía en Yucatán, Órgano del Grupo de Trabajo de las Logias Teosóficas de Yucatán, Vol. II, año III, N° 2, Mérida, julio-agosto,

La importancia de la Teosofía de Yucatán, como fuentes de ideas para el progresismo latinoamericano, habría sido el primer contacto de César Augusto Sandino con el esoterismo. "Otros se inclinan, con más fundamentos, que su vínculo definitivo con la Masonería se gestó en la ciudad de Mérida (Yucatán) a mediados de 1929 donde fue recibido *"por diversas asociaciones, principalmente grupos masones de la Logia Francisco Morales G. y del Partido Socialista del Sureste"[153]*.

Durante su permanencia en Mérida, Sandino no solamente habría sido iniciado en la Orden Masónica sino que también habría tomado contacto con la Teosofía, aprovechando la "casual" visita del conocido teósofo cingalés Jinarajadasa al Yucatán, donde brindó varias conferencias organizadas por la Logia "Mayab", una de ellas sobre "Ideales de la Masonería".

> Según cuentan las crónicas, de esta charla "masones y profanos quedaron gratamente impresionados (…) Los profanos supieron de labios autorizados que las enseñanzas masónicas no están reñidas con sectas ni religiones, y si antes al contrario su origen místico es similar al de las religiones porque tanto ésta cuanto las otras han sido creadas y son inspiradas por grandes instructores espirituales de un solo origen porque todos ellos son servidores de la Gran Fraternidad Blanca"[154].

2.4. La importancia de la Teosofía como espacio de sociabilidad de la red de mujeres

Como hemos visto a principios de la década del 1920 se produce una proliferación de iglesias, creencias espiritistas, herméticas, martinistas, rosacruces y espiritistas, que se oponían al positivismo de la época y que recibieron una fuerte acogida en América Latina. Algunas de las

---

60p.

[153] Ramírez, Gabriel (2010). Sandino en Mérida, Revista de la Universidad Autónoma de Yucatán, N° 251-252, Cuarto trimestre de 2009 / Primer trimestre.

[154] Phileas (2018). Sandino masón y teósofo, Phileas del monte sexo, 23 de octubre. https://phileasdelmontesexto.com/sandino-mason-y-teosofo/

teósofas latinoamericanas se inscribieron en una corriente feminista como la peruana Miguelina Acosta, dirigente anarquista comprometida con la causa obrera.

En Guatemala, nacieron numerosas revistas y publicaciones teosóficas y en el resto de Centroamérica también se multiplican las logias y sociedades teosóficas y espiritistas. El 23 de diciembre de 1921, se estableció "La Confederación de Centros Espiritistas de Centroamérica y México, representada por Flavio Guillén. Ese mismo año se hablaba de 43 centros teosóficos, 34 en Guatemala (la mitad en Ciudad de Guatemala), estando un buen porcentaje representado por mujeres.

En Guatemala, el Grupo de Mujeres Gabriela Mistral se refiere en varias ocasiones a la importancia de las teósofas, hablando de Madame Blavastki, de Annie Besant como "gran pensadora y actual presidenta de la Sociedad Teosófica", así como de otras notables teósofas como Mabel Collins[155] y Sara Corbertt[156]".

> La famosa poetisa Margarita Leal Rubio, autora de una extensa obra poética contemporánea y amiga de Miguel Ángel Asturias, Ramón Aceña Durán y compañera sentimental de David Vela, funda en Guatemala, en 1944, la Sociedad Biósofa y Teósofa, a la que concurrían innumerables personajes del mundo de las artes y las letras. El Maestro de dicha Sociedad era Aldo Lavagnini[157]. Por testimonio de fuentes orales, la autora recuerda que a esa misma Sociedad acudía, en México, Gabriela Mistral[158].

Para Mistral la idea de sentirse parte de una tradición de mujeres es vital.

---

[155] Novelista inglesa (1851-1927). Se casó en 1871 con el Dr. Kenningale Robert Cook, un escritor y poeta del cual se separó posteriormente. En 1884 se afilió a la Sociedad Teosófica. Gran amiga de Blavatsky. Cuando Blavatsky regresó a Londres en 1887, inicialmente residió en casa de Mabel, ahí formó la Logia Blavatsky de Londres e inició la revista *Lucifer*. Mabel trabajó como coeditora (de sep-1887 a oct-1888).

[156] Se escribe Sara Cobett, autora del libro La Evolución del carácter (1910), Barcelona, Barcelina.

[157] Masón italiano, Martinista y creador de la Asociación Biosófica Universal.

[158] Entrevista personal con Margarita Leal Rubio, Guatemala, marzo 2000. Casaús Arzú, Marta (2001). Las redes teosóficas de mujeres en Guatemala, Ibíd., 246p.

> Por ello en la conferencia que da en Uruguay el año 1938, parte invocando a las ya partidas. Estas relaciones las crea mediante el único medio disponible en el momento: las cartas, que envía en grandes cantidades a distintas personalidades del ambiente literario y artístico de su tiempo[159].

Un año antes, en 1937, Gabriela Mistral comprueba su fraternidad al ayudar a la destaca pintora española, Maruja Mallo a llegar a Buenos Aires y comenzar su exilio voluntario producto de la Guerra Civil Española. La pintora escapando del conflicto bélico se encontraba en Lisboa desde 1936.

> Maruja Mallo nació en Lugo, España, en 1902. Fue una de las mujeres que supo escapar de los límites de una sociedad encorsetada y acotada por años de prejuicios. Cuando su familia se trasladó a Madrid, estudió en la Escuela de Bellas Artes y conoció a las personalidades más destacadas de la intelectualidad del momento. Así es como se relaciona con Dalí, Lorca, Alberti, Buñuel y otras mujeres, como Rosa Chacel y María Zambrano. Es Ortega y Gasset quien, impresionado con su obra, le organiza una única exposición de esa etapa, en 1928. Los críticos ignoraron su condición de mujer y alabaron la creación de este adolescente[160].

La pintora española[161] desarrolló una profunda amistad con el poeta Rafael Alberti. "Con una beca se traslada a París y allí su pintura, que había sido de un intenso colorido, se vuelve más sobria, confluyendo con el surrealismo. Conoce a André Breton, a Miró, asiste al entierro de Marie Blanchard, se relaciona con Eluard, Ernst, de Chirico y Magritte. Vuelve a Madrid, y en Barcelona expone con su amiga Remedios Varo, pero ya corría 1936"[162].

---

[159] Garrido Donoso, Lorena (2014). Género epistolar y hermandad artística en la poesía, *op. cit.*, 17p.

[160] Zancada, Ana María (2010). Las mujeres y el surrealismo, El Litoral, 30 de enero, https://www.ellitoral.com/index.php/diarios/2010/01/30/nosotros/NOS-07.html

[161] Véase en http://www.bibliotecanacionaldigital.gob.cl/bnd/623/w3-article-134760.html

[162] Ibíd.

2.5. La Orden Rosacruz

> El Espíritu no tiene raza, ni nacionalidad,
> ni religión. Está más allá de toda identificación.
> Quien es espiritual se siente libre de observar
> las cosas desde cualquier punto de vista y no se
> compromete a nada parcial o exclusivo.
> N. Sri Ram[163]

Este grupo reservado y esotérico tiene en la actualidad numerosas divisiones todas las cuales pretenden ser los herederos de su linaje histórico, así como también diferentes visiones respecto a su origen. Para el grupo AMORC[164], con el cual Doris Dana habría tenido relación, el origen del grupo se remonta entre el 28 de marzo y el 4 de abril de 1489 A.C., cuando cuatro fratres[165] y tres sorores[166], bajo la presidencia de Thutmose III[167] se reunieron en Egipto y crearon La Gran Hermandad Blanca. Siempre a cuestas con sus secretos y documentos:

La fraternidad también llegó a Palestino y Jesús de Nazareth fue uno de los suyos: 'El nacimiento de Jesús en una familia de gentiles pertenecientes a la comunidad de los esenios de Galilea colmó las esperanzas de la Hermandad, y desde entonces sus internas y externas actividades se centralizaron en el ministerio del Gran Maestro Jesús' dice la historia oficial de la orden[168].

Entonces, podemos ver que según AMORC sus orígenes se remontan a las escuelas de los misterios del Egipto faraónico, que eran fraternidades secretas donde se transmitía:

La sabiduría de todos los tiempos los cuales, durante siglos, han enseñado a quienes siguen sus enseñanzas a desarrollar sus facultades superiores, así como a comprender la

---

[163] N. Sri Ram (1984). Pensamientos para Aspirantes, Quest Books, 116p.
[164] Orden Rosacruz AMORC (2017). Historia. https://rosacruz.org/historia/
[165] Hermanos.
[166] Hermanas.
[167] Thutmose III o Tutmosis III, es el sexto faraón de la dinastía XVIII de Egipto.
[168] Reyes, Mate (1982). La legendaria secta de los Rosacruces ataca de nuevo, El País, España, 17 de mayo. https://elpais.com/diario/1982/05/17/sociedad/390434408_850215.html

relación que hay entre los Seres Humanos, el Cosmos, las Leyes que lo rigen, y Dios, cualquiera que sea el nombre que cada uno le dé, o como sea que cada cual lo conciba, para que, por medio de la sabiduría que vayan adquiriendo en nuestra Orden centenaria, sean conscientes de que todo ser humano puede llegar a ser aquello que debe ser, y obtener aquello que debe tener, sin ninguna clase de limitaciones, y todo ello por medio del estudio graduado de las enseñanzas Rosacruces[169].

Esta hermandad, nutrida de muchas vertientes, contiene en el libro de oro de sus miembros, sorpresas como los nombres de los dominicos "Alberto Magno y Giordano Bruno, Descartes, Spinozza y Leibnitz, Raimundo Lulio, Cristóbal Colón, Patricio Lumumba y Edith Piaff... que se añaden a figuras de la antiguedad como Pitágoras, Plotino o el profeta Elías"[170]. También hay grupos que incluyen a Cagliostro, creador del Rito Egipcio de Memphis Misraim como un reformador rosacruz.

En la época de Carlomagno (742-814), gracias al filósofo Arnaud, se introdujo en Francia y después en Alemania, Inglaterra y en los Países Bajos. Durante los siglos siguientes, los alquimistas y los Templarios contribuyeron a su extensión en Occidente y en Oriente. La frecuente falta de libertad de conciencia, hizo que la Orden tuviera que ocultarse adoptando diversos nombres, y llevando a cabo sus actividades bajo secreto. Sin embargo, nunca terminó sus actividades, perpetuando sus ideales y sus enseñanzas, participando directa o indirectamente en el progreso de las artes, las ciencias y de la civilización en general, proclamando siempre la igualdad de sexos así como una verdadera fraternidad entre los hombres[171]. La igualdad de sexos y la fraternidad fueron dos de los temas por lo que más luchó en su vida Gabriela Mistral.

---

[169] Velayos, Ángel Martín (2007). Saludos del Gran imperator de la Orden Rosacruz. http://www.rosacruz.net/mensaje-imperator.html

[170] Ibíd.

[171] Véase Orden Rosacruz AMORC (2017). Historia. https://rosacruz.org/historia/

En los tiempos actuales, un famoso ocultista francés, el médico Gerard Encausse conocido como Papus, fundó un grupo Rosacruz y otro Martinista que destacan por sobre otros por su mensaje Crístico[172].

Al respecto, es importante señalar que escribió textos importantes sobre la "Reencarnación" muy similares a los pensamientos que tenía Gabriela Mistral que veremos más adelante.

Papus señala que la reencarnación era una de las enseñanzas secretas de todos los templos de la antigüedad. "Dada primitivamente como una parte de la iniciación en los grandes misterios del antiguo Egipto, esta revelación ha pasado a todas las religiones esotéricas, y volvemos a encontrarla entre los autores clásicos, de lo que hemos dado numerosos ejemplos; también la volveremos a encontrar en el budismo"[173].

Sin embargo, Papus sostiene que no es que sea el budismo el creador religioso de esta idea de la reencarnación sino que Gautama El Buda, quien ha sido el difusor a pesar de sus maestros y ha rendido con ello un servicio considerable a la humanidad.

> En principio los evangelios aseguran sin ambages que San Juan Bautista era Elías reencarnado. Esto constituía un misterio, y San Juan Bautista, al ser interrogado sobre ello, se callaba, pero los demás lo sabían. Está también la parábola del ciego de nacimiento, castigado por sus pecados anteriores, que es un interesante motivo de reflexión. La religión

---

[172] Dentro del contexto espiritual, el santo ser crístico representa la expresión individualizada de Cristo, una energía llena de absoluto amor divino. Que fue creada para servir de puente y así de esta manera, poder ayudar a las personas a encontrar su divina presencia, su "Yo Soy". Pero la pregunta es ¿Dónde se puede ubicar a este ser? Los expertos en la materia opinan que, en el aspecto físico, se encuentra en el corazón de cada ser humano, mientras que para los cristianos el santo ser crístico viene representado en la Santísima Trinidad: Padre, Hijo y Espíritu Santo. Al estar presente dentro del corazón de cada ser humano, el santo ser crístico sirve de vehículo entre la divinidad y el cuerpo físico, actuando como un transformador de la energía, que baja de la excelsa presencia hasta el cuerpo. Es decir que cada ser humano lleva un ser crístico en su corazón, esa energía que envía el Padre Celestial para que las personas obren con bien y de una manera noble. Véase https://conceptodefinicion. de/santo-ser-cristico/

[173] Encausse, Gerard (2007). La reencarnación. http://www.rosacruz.net/ reencarnaci%C3%B3n-y-religi%C3%B3n.html

cristiana es continuación directa de la egipcia, y cada uno de los evangelistas está representado por un símbolo, que es una de las cuatro formas de la esfinge: la cabeza humana, o el ángel, el águila, el león y el toro. La idea de la reencarnación formó parte de las enseñanzas secretas de la Iglesia, como sucedía con la mayoría de las ideas de la iniciación egipcia[174].

Muy similar a la forma de pensar de Gabriela Mistral que aparecerá en las próximas páginas, Gerard Encausse[175] sostiene que la reencarnación no ha sido condenada por la Iglesia.

Un concilio ha dicho que aquel que proclamara haber vuelto a la tierra por encontrarse a disgusto en el cielo sería anatematizado; pero lejos de condenar la reencarnación, esta advertencia del Concilio indica, por el contrario, que formaba parte de las enseñanzas, y que si había quienes volvían voluntariamente a reencarnarse, no por encontrarse a disgusto en el cielo, sino por amor al prójimo, el anatema no podía afectarles[176].

Se puede asegurar que la idea de la reencarnación, que ha sido el faro luminoso de toda la antigüedad, no se ha perdido jamás en ninguna religión; y hoy día esta idea reaparece, defendida por tres tradiciones: la tradición cabalista, procedente de Egipto y transmitida hasta nosotros por los pitagóricos y los neoplatónicos; la tradición oriental, transmitida por el budismo y de la que acabamos de hablar, y por último, la revelación moderna del espiritismo[177].

Varios textos indican que el nombre de Orden Rosacruz proviene de dos símbolos antiquísimos. El primero se usaba mucho antes de la muerte de Jesucristo, ya que la cruz se utilizó como un símbolo solar. El hombre primitivo, en sus primeras manifestaciones al sol,

---

[174] Ibíd.

[175] Véase http://www.martinisten.org/geschichte/beruehmte-martinisten/gerard_encausse_papus-3/

[176] Encausse, Gerard (2007). La reencarnación, *op. cit.*

[177] Ibíd.

lo miraba con los brazos abiertos, siendo esta la primera nota espiritual de la cruz. También representó los cuatro puntos cardinales y la unión crucial que forma la eclíptica con el Ecuador. Es un símbolo positivo, activo y representativo de las fuerzas masculinas de la naturaleza. Equivale al "Yang" de la filosofía china".

> La rosa simboliza el ideal de belleza, delicadeza y hermosura. Representa a la mujer y al principio de fecundidad, a la madre naturaleza. La rosa que comienza a abrirse es la personalidad que empieza a brotar para iluminar y dar realidad a la cruz. La conjunción de ambos símbolos es el encuentro de dos fuerzas generadoras, opuestas, de la naturaleza. Es la suma del par de contrarios que originan la creación, la unión de los polos masculino y femenino. La rosa equivale al "Ying" de la filosofía china[178].

Hay una portada del Diario La Nación de Chile de 1928 en que se habla sobre el aniversario 3281 de la Orden Rosacruz mostrando la importancia (secreta/reservada) que tenía este grupo en Chile[179].

---

[178] Escobar Soriano, Juan (2015). ¿La Orden Rosacruz es compatible con la fe cristiana?, Aleteia, 9 de noviembre. https://es.aleteia.org/2015/11/09/la-orden-rosacruz-es-compatible-con-la-fe-cristiana/

[179] Véase http://culturadigital.udp.cl/cms/wp-content/uploads/2018/05/LN_1928_03_21.pdf

Capítulo: 3 La poetisa y su participación en la Teosofía

Me alejaré cantando mis venganzas hermosas,
¡porque a ese hondor recóndito la mano de
ninguna bajará a disputarme tu puñado de
huesos! *Sonetos de la Muerte I.* Gabriela Mistral.

En 1910, Lucila Godoy se desempeñaba en el Liceo de Traiguén. A principios de 1911 se dispuso su traslado al norte de Chile. El 11 de enero de 1911 llegó a Antofagasta para desempeñarse como profesora de Historia e inspectora general en el Liceo de Niñas que dirigía Fidelia Valdés Pereira.

Lucila en Antofagasta cumplió 22 años de edad, no obstante su juventud y retraimiento natural se relacionó con personajes locales como el Obispo Luis Silva Lezaeta, su colega profesor del liceo, con el comerciante español Zacarías Gómez[180]; con el librero Justo Arce…[181].

Durante su estadía en la ciudad nortina Lucila Godoy tuvo una participación regular y permanente en la Logia teosófica Destellos[182] en Antofagasta, "su inquietud e interés personal, le permitieron ser colaboradora permanente con escritos que al ser enviados servían

---

[180] Español proveniente de Castilla la Vieja, llegó a Chile a los 11 años. Según Luis Vargas Saavedra conoció a Gabriela Mistral en La Serena en 1919 "cuando ambos pertenecían a la misma logia teosófica" (Vargas Saavedra, Luis (1985). El otro suicida de Gabriela Mistral, Santiago, Ediciones Universidad Católica de Chile, 28 nota 3). Por información actual sabemos que en realidad lo conoció en 1911 y en Antofagasta.

[181] Álvarez, Oriel (2016). Mistral y la logia Destellos, El Mercurio de Antofagasta, 17 de junio. http://www.mercurioantofagasta.cl/impresa/2016/06/17/full/cuerpo-principal/31/

[182] Una de las fundadoras de esta logia fue la destacada Eloísa Zurita Arriagada. Ella Nació en Cobija un 10 de febrero de 1875, siendo la primera feminista del Norte. Defensora acérrima de los derechos de la mujer. En sus inicios fundó la primera Sociedad de Señoras en Antofagasta el 14 de enero de 1894, creando además el Mausoleo de la Sociedad de Obreras N° 1, su edificio social y carro fúnebre que trajo mucha repercusión en esa época. Véase http://informarte.cl/recordando-a-eloisa-zurita-arriagada/

de reflexión y ejercicio espiritual"[183]. *El Mercurio de Antofagasta* en un artículo del año 2016, señaló que "en 1913 y 1914[184], durante su estancia antofagastina Lucila Godoy se asoció a la Logia Teosófica Destellos, cotizó regularmente y colaboró con poemas y prosa en revistas teosóficas capitalinas"[185].

Lucila Godoy en una prosa aparecida en *Cuadernos Liminar (años diversos)* demuestra claramente la creencia en la reencarnación que la acompañaría toda su vida y su tensionada relación con la Teosofía:

> Arréglensela los teósofos con sus avatares de modo que yo vuelva a aquella tierra de mi valle, que suele parecerme buena unas cincuenta veces, pero cada vida me la den cada cinco años no más, que así me daré el gusto soberano de ser sucesivamente niña elquina, caxaqueña, provenzal de las Santa Marías, bretona, corsa, cuarenta cosas más, y también niña de Sestris Levante en la costa de la Liguria, Italia. Es la única transacción para consentir en volver; no me hace ninguna gracia vivir de nuevo metida en un mismo cuerpo cuarenta años, comer media vida los frutos de un solo clima, y salir a ver el mundo, a buscar mi visita de cortesía a los paisajes extranjeros, cuando los pobres ojos seniles ven sólo ruca donde hay sirena encaramada y nombran "bosque", a secas, el lugar donde los elfos[186] de la luz alfilerean el follaje de todos lados. Hallen manera mis amigos que cuentan con

---

[183] Zegers, Pedro Pablo (1991). Gabriela Mistral y la teosofía: la logia Destellos de Antofagasta, Museos, N° 11.

[184] Equivoca fechas, Gabriela Mistral sólo estuvo en Antofagasta el año 1911.

[185] Álvarez, Oriel (2016). Mistral y la logia Destellos, El Mercurio de Antofagasta, *op. cit.*

[186] "En esa región etérica, en esa 4a. dimensión viven las criaturas elementales de la naturaleza y esto es algo que debemos comprender profundamente. A tales criaturas se les da el nombre de elementales, precisamente porque viven en los elementos. Sepa usted mi querido amigo, que el fuego está poblado de criaturas elementales; entienda que el aire está también densamente poblado por esa clase de criaturas y que el agua y la tierra están pobladas por esos mismos elementales. No hay árbol que no tenga su criatura elemental de la naturaleza. Las plantas tienen alma, y las almas de las plantas encierran todos los poderes de la Diosa Madre del Mundo.... Gnosis Instituto Cultural Quetzalcóatl. Ciencia Esotérica. Elementales de la Naturaleza. http://www.samaelgnosis.net/revista/ser26/capitulo_02.htm

influjo sobre la "rueda de los nacimientos", de acomodarme esta combinación[187].

En una misiva[188], Carlos Parrau E., presidente de la logia, explicó a Gabriela los puntos fundamentales del movimiento y obsequió a la poetisa *La voz del silencio* y un volumen de historias cortas de Madame Blavatsky.

> Amalia Parrau fue una de las patrocinadoras de Gabriela Mistral, la poetisa perteneció a la logia teosófica "Destellos", cuando ejerció la docencia en el Liceo de Femenino de Antofagasta el año 1911. Su interés por la Teosofía radica en el hecho que sus principios, primero provocaron un profundo cambio en su vida personal, llenándola de espiritualidad, al mismo tiempo que se transformaron en formas de vida, en términos de la aspiración por la verdad y en consideración que, la Teosofía aspira a formar un núcleo de fraternidad universal de la humanidad, sin distinción de raza, credo, sexo, casta o color[189].

Hoy una maravillosa reproducción de la portada del libro en la revista de mayor circulación de Buenos Aires "Caras y Caretas" dedicado a "Los Sonetos de la muerte" de la poetisa chilena Gabriela Mistral.[190]

Gabriela hizo suyos los postulados de la logia, pues estos coincidían con sus propias creencias, y deseosa de calmar su angustia con la práctica de ejercicios budistas, se convirtió en una de las principales defensoras de la doctrina y la tradición teosóficas, escribiendo para

---

[187] Quezada, Jaime (2002). Bendita mi lengua sea. Diario íntimo de Gabriela Mistral, *op. cit.*, 27-28p.

[188] Hace algún tiempo en la demolición de una antigua casa habitación antofagastina, la que había sido sede de reunión de la Logia Destellos, sus moradores encontraron archivos y cartas de Lucila y copias de respuestas de su presidente Carlos Parrau y su secretario-tesorero Alberto Parrau, valiosos documentos que a través del Conservador del Museo Regional antofagastino fueron adquiridos para incrementar el fondo Documental Mistralianos de la Biblioteca Nacional. Álvarez, Oriel (2016). Mistral y la logia Destellos, El Mercurio de Antofagasta, *op. cit.*

[189] Radio Eme (2016). Ex funcionario municipal, José Saldaño, lanza su primer libro Organismos y Psicotipos. https://radioeme.cl/?p=12676&print=print

[190] Véase Memoria chilena. Gabriela Mistral. http://www.memoriachilena.cl/602/w3-article-124279.html

dos periódicos teosóficos de Santiago: *Nueva luz*, donde publica *El himno al árbol* (1913) y *La charca* (1914) y en la *Revista Teosófica Chilena* a la que entrega *El placer de servir* (1914).

La Charca

Era una charca pequeña, toda pútrida. Cuanto cayó en ella se hizo impuro; las hojas del árbol próximo, las plumillas de un nido, hasta los vermes del fondo, más negros que los de otras pozas. En los bordes, ni una brizna.

El árbol vecino y unas grandes piedras la rodearon de tal modo que el sol no la miró ni ella supo de él en su vida.

Más un buen día, como levantaran una fábrica en los alrededores, vinieron obreros en busca de las grandes piedras.

Fue eso en un crepúsculo. Al día siguiente el primer rayo cayó sobre la copa del árbol y se deslizó hacia la charca.

Hundió el rayo en ella su dedo de oro y el agua, negra como un betún, se aclaró: fue rosada, fue violeta, tuvo todos los colores un ópalo maravilloso!

Primero, un asombro, casi un estupor al traspasarla la flecha luminosa; luego un placer desconocido mirándose transfigurada; después… el éxtasis, la callada adoración de la presencia divina descendida hacia ella.

Los vermes del fondo se habían enloquecido en un principio por el trastorno de su morada; ahora estaban quietos, perfectamente sumidos en la contemplación de la placa áurea que tenían por cielo.

Así la mañana, el mediodía, la tarde. El árbol vecino, el nido del árbol, el dueño del nido sintieron el estremecimiento de aquel acto de redención que se realizaba junto a ellos. La fisonomía gloriosa de la charca se les antojaba una cosa insólita.

Y al descender el sol, vieron una cosa más insólita aún. La caricia cálida fue durante todo el día absorbiendo el agua impura insensiblemente. Con el último rayo, subió la última gota. El hueco gredoso quedó abierto como la órbita de un gran ojo vaciado.

Cuando el árbol y el pájaro vieron correr por el cielo una nube flexible y algodonosa, nunca hubieran creído que esa gala de aire fuera su camarada, la charca de vientre impuro.

Para las demás charcas de aquí abajo no hay obreros providenciales que quiten las piedras ocultadoras del sol.

Gabriela Mistral

Cuando la poetisa renuncia a que la religión que se le impone desde la infancia, busca nuevos caminos o derroteros para su espíritu inquieto. "Desanimada por la doctrina cristiana en ejercicio, pero no así por los aspectos esenciales del cristianismo y la enseñanza de Jesucristo, la Teosofía desempeña, en su vida posterior un papel decisivo"[191].

El 2 de abril de 1913, el secretario-tesorero de la logia Destellos, Alberto Parrau le envía una carta a Gabriela Mistral en la que le explica que buscando el progreso de los miembros a acordado que cada uno traiga un trabajo semanal. Por la situación que atraviesa la poetisa, profesora en el Liceo de Niñas de Los Andes, sólo se le pide un trabajo mensual. El primero de ellos debe responder las siguientes preguntas ¿Cuál es su idea propia y personal sobre la Teosofía? y ¿Llegó ésta a influir en los que la adoptan de un modo decisivo para el bien?

Gabriela Mistral responde, no aparece la fecha, señalando[192]:

> Pienso yo que este movimiento innegable de espiritualidad que se diseña en todo el mundo es signo de grandes cosas que están por hacerse y que es obra de aquello que tolera la mala invasión del materialismo con su corte de feas cosas, pero que recobra tarde o temprano su terreno[193].

Agrega la poetisa que:

> Porque, posiblemente, sin que el desenfreno de la adoración venenosa al aire libre vivimos en tiempos tan sensuales como los de la Roma en decadencia. Un sensualismo menos fino, más torpe. Cosas inauditas deberían venir tras esta transición. Hombres nuevos, héroes de nuevos heroísmos, luchas nuevas, y un alma nueva también para el mundo[194].

---

[191] Zegers, Pedro Pablo (1991). Gabriela Mistral y la teosofía, *op. cit.*, 6p.
[192] Se respetará ortografía del original.
[193] Zegers, Pedro Pablo (1991). Gabriela Mistral y la teosofía, *op. cit.*, 7p.
[194] Ibíd.

La futura Gabriela Mistral señala que al serle revelada la Teosofía fue una gran sorpresa para ella.

> Y ¡cosa extraña! Yo que llegaba a ridículos extremos del cientisismo experimental i pedía prueba a todo con un gran riguroso espíritu científico, que me había arrancado la fe en todas sus formas, no me negué a creer estas cosas de prodigio que exceden en mucho a lo que creer manda por ejemplo el cristianismo. Quise creerlo todo, todo, con un ansia de llenarme el alma seca de savias nobles i de llenarme la mente ávida de cosas de belleza i poesía inagotables[195].

La poetisa agrega que:

> Ya se lo he oído decir a otro lo que yo sentí: Esto nuevo era lo que yo esperaba y de lo cual fui en busca a través del ateísmo, del protestantismo i de cuanta secta i escuela filosófica moderna.

Gabriela Mistral, en relación a la segunda pregunta ¿Llegó ésta a influir en los que la adoptan de un modo decisivo para el bien?, responde señalando que:

> Yo no sé algo más grande que esta palabra: ¡crear! Y qué más poderoso que esta convicción de que creamos para hacernos sentir las terribles responsabilidades i las increíbles grandezas de ese acto que se consuma cada día. —Crear belleza, crear producciones benéficas, crear cosas amigas que flotando a nuestro contorno nos escuden i que yendo donde los (no se entiende) escuden también a los que amamos. Poblar el espacio de cosas nuestras bellas que llenan nuestra esencia. Yo no sé de dónde más enorme y trascendental[196].

Lucila Godoy agrega que:

> Siento desde hace algún tiempo que la vida es mi amiga i que se me presenta sagrada i hermosa como no la vi nunca.

---

[195] Ibíd.
[196] Ibíd.

> Asisto como con una embriaguez a los actos de la naturaleza
> que son las estaciones i me apasiono de los seres –parti-
> cularmente de las plantas i los pájaros- con un fervor que
> es un soplo divino. Un profundo sentido voi descubriendo
> en cada sencillo hecho natural i es como si mi camino i mi
> casa, i mi cielo i todo estuviese sembrado de altares, porque
> voi adorando i sintiendo a cada paso divino presencias que
> me exaltan i me hacen postrarme[197].

La poetisa termina la misiva señalando que:

> Mi pesimismo está herido de muerte i amo profundamente
> la alegría i creo firmemente en el bien i en el que mi vida
> va hacia fines y consolidaciones inimaginadas. Y como un
> hombre de saber me asedia, a veces me abate no tener
> cerca un instructor que me deje ver más de lo que se vis-
> lumbra. Pero luego me rectifico. No debo ser más que de
> lo que resisten mis ojos débiles. El saber es premio conce-
> dido al que se perfecciona. Y espera. –Así compañeros en
> el espíritu pienso yo de la Teosofía. Que vosotros me ayu-
> déis a comprenderla y sobre todo practicarla. Lucila Godoy
> Alcayaga[198].

Alberto Parrau, secretario-tesorero de la logia Destellos, en una misiva
enviada a Los Andes, con fecha 1° de junio de 1913, le cuenta que
en la sesión del 30 de mayo tuvieron el placer de conocer su trabajo
todos los miembros el que fue alabado por estar lleno de amor, paz
y belleza. Los miembros de la logia la instan a persistir en la senda
del bien y del sacrificio.

A continuación le señala el tema escogido para el mes de junio: Debe
existir una relación oculta entre la belleza y el bien pues generalmente consideramos bueno lo que es bello ¿quería explicarlo? Hasta
el día de hoy no se conoce la respuesta que habría entregado Lucila
Godoy.

---

[197] Ibíd.
[198] Ibíd.

En 1915, desde Los Andes, Lucila Godoy escribe una carta a Inés Echeverría (Iris), que la destinataria publica posteriormente en revista *Sucesos*[199]. El tema Teosofía:

Señora Inés Echeverría de Larraín. Santiago:

Señora: desde hace cinco o seis meses, desde que leí una entrevista publicada en Zig-Zag, tengo como obsesión escribirle. Habló usted al que fue a verla, de unos proyectos de asociación con fines de alta espiritualidad, y yo leí eso con una emoción enorme. Desde entonces he tenido pronta la hoja blanca para mandarle mi homenaje de admiración y mi ruego. Siempre me detuvo el pensar que siendo yo nadie, mi palabra se perdería. Hoy me he decidido. Acabo de leer un maravilloso artículo de Annie Besant, y mi prejuicio lo he vencido con este pensamiento: yo no pido respuesta para esta carta, yo necesito decirle lo que sigue, nada más. Necesitamos una asociación de la índole de la que usted habló al repórter. Sería esa la obra más alta que se haya hecho en Chile desde hace cinco o más años. Hay que abrir a la espiritualidad brechas más anchas en el vivir humano, en el arte, en la literatura sobre todo, que está anegada en barros pesados. Usted y sólo usted puede y debe ponerse a la bella empresa. Hay mil almas indecisas; pero llenas de buena voluntad, prontas al llamado, que irán hacia usted. No le hablo de mí que nada significo; le hablo de mucha gente en que estas cosas despiertan como una alba inmensa

---

[199] Inés Echeverría de Larraín nació en Santiago, el 22 de diciembre de 1868. Hija de Inés Bello Reyes y Félix Echeverría Valdés, formó parte de una de las más importantes familias aristocráticas de la época, descendientes directos de Andrés Bello. Su inclinación literaria se inició tempranamente, como un modo de transportarse más allá de las barreras impuestas en el hogar; ella misma señaló en muchas entrevistas que desde pequeña sintió esa necesidad de guardar la huella de sus días. Publicó su primer libro, *Hacia el Oriente*, recién a los 37 años, el cual editó anónimamente. Según Alone, en esos años no era bien visto que las mujeres publicaran y aún menos las señoras de sociedad. Después de la aparición de esta novela, se abocó por entero a la labor escritural; con el seudónimo de Iris -la mensajera de los dioses griegos- se constituyó en una de las más importantes voces literarias del momento. Ya en 1910 había dado a conocer cuatro novelas más: *Tierra virgen, Perfiles vagos, Emociones teatrales* y *Hojas caídas*. Véase http://www.memoriachilena.cl/602/w3-printer-3461. html. La carta está en Revista Sucesos, N°652, 25 de marzo de 1915. Véase http://www.memoriachilena.cl/archivos2/pdfs/MC0063732.pdf

y dorada, y que usted reunirá a su sombra para trabajar. Esta voz ardorosa que le llega a usted desde una desconocida de provincia, le dice –aunque usted sepa mejor de esto–, que la simple insinuación de sus proyectos prendieron entusiasmo y cariño en muchos espíritus. Cariño por usted que quiere prestigiar estas ideas con su luminoso nombre, por todos respetados. Quisiera hablarle más, muchísimo más, pero el estar enferma, y el tener que escribirle con mi letra, y no a máquina, la dificultad que tendrá usted para leerme, me hacen dejar de escribir. He dicho lo suficiente: que espero su obra, que la esperan muchos, que es usted quien ha de poner mano a ella; que el bien que traiga todo esto echará lirios en su camino, bajo sus plantas finas. Con admiración y respeto. Gabriela Mistral[200-201].

El placer de servir

Toda naturaleza es un anhelo de servicio.
Sirve la nube, sirve el viento, sirve el surco.
Donde haya un árbol que plantar, plántalo tú;
Donde haya un error que enmendar, enmiéndalo tú;
Donde haya un esfuerzo que todos esquivan, acéptalo tú.
Sé el que aparta la piedra del camino, el odio entre los
corazones y las dificultades del problema.

---

[200] Romo, Manuel (2016). Archivo Masónico, N° 39. Santiago, Chile, 1° julio.

[201] En una misiva a Eduardo Labarca, Gabriela Mistral señaló: "Sobre su pedido: me pone usted en un conflicto. Hace poco alguna persona que no me conoce, refiriéndose a dos poesías mías para la Reina de los Juegos Florales y a una carta para Iris, que ella sin mi autorización publicó, hablaba de cierta tendencia a halagar a los grandes. Nada por cierto más injusto: me han pedido una poesía para una guirnalda lírica a la Reina; mandé dos, para que se eligiera la que agradara más o que disgustara menos; respecto a la carta a Iris, escribí a Iris, escritora espiritualista, de mis mismos pensares religiosos, no a doña Inés Echeverría, gran dama, que no me interesa en absoluto. En este carácter. Esta injusta sospecha me hizo prometerme a mí misma no hacer, en lo sucesivo, nada dirigido a gente de otra esfera social. Soy una maestra sin nada de arribista; tengo una actitud de perfecta indiferencia para las personas que aunque en un círculo de esplendor se agiten no me interesan, porque no viven para las cosas que yo vivo: comprenderá usted la inexactitud del juicio dado por persona que nada sabe de mi vida retirada y sin pretensiones". Mistral, Gabriela (1957). Epistolario. Cartas a Eduardo Labarca (1915-1916), Santiago, Edición de los Anales de la Universidad de Chile, N°13, 19p. https://www.bcn.cl/obtienearchivo?id=documentos/10221.1/55347/2/254954.pdf&origen=BDigital

Hay una alegría del ser sano y la de ser justo, pero hay,
sobre todo, la hermosa, la inmensa alegría de servir.
Que triste sería el mundo si todo estuviera hecho,
si no hubiera un rosal que plantar, una empresa que emprender.

Que no te llamen solamente los trabajos fáciles
¡Es tan bello hacer lo que otros esquivan!
Pero no caigas en el error de que sólo se hace mérito
con los grandes trabajos; hay pequeños servicios
que son buenos servicios: ordenar una mesa, ordenar
unos libros, peinar una niña.

Aquel que critica, éste es el que destruye, tu sé el que sirve.
El servir no es faena de seres inferiores.
Dios que da el fruto y la luz, sirve.
Pudiera llamarse así: "El que Sirve".

Y tiene sus ojos fijos en nuestras manos y nos
pregunta cada día: ¿Serviste hoy? ¿A quién?
¿Al árbol, a tu amigo, a tu madre?
Gabriela Mistral

Durante sus estadías en Europa a fines de la tercera década del siglo XX asistió a varias conferencias de Krishnamurti y de Annie Besant, en París.

En su correspondencia privada con Eduardo Barrios, fechada en 1917, -otro escritor chileno y teósofo como ella-, le abre su alma y le cuenta todas sus inquietudes espirituales, sus métodos de oración y de meditación, sus lecturas Budistas, su pensamiento sobre el espiritismo, la evolución humana, la reencarnación, etc.[202].

En 1917, en carta a Eugenio Labarca le habla de Teosofía y de espiritismo, manifestando su interés por lo primero y su desdén por lo segundo:

---

[202] Laredo Cárter, Fernando. Historia esotérica y espiritual de Chile, Vida esotérica de Gabriela Mistral, Capítulo Noveno. http://m.monografias.com/docs110/historia-esoterica-y-espiritual-chile/historia-esoterica-y-espiritual-chile8.shtml

Le doy, conforme su indicación, dos nombres de muertas a quienes llamar. Marcelina Aracena, Rosa Ossa. Aquel joven Parrau a quien invocaron no conoció nunca Los Andes ni pudo, por lo tanto, morir aquí; no era masón. Vivió y murió en Antofagasta (carta escrita en Los Andes, 1917)[203].

En carta a Manuel Magallanes Moure le recomienda libros de lectura uno sobre budismo y el otro sobre Teosofía: "Poeta, van los libros. Lea así: *Creencias fundamentales del budismo*, 1°, luego *Manual Dos*; luego la *Sabiduría antigua*[204-205].

En esos años, Gabriela Mistral practica Yoga, conjunto de disciplinas y técnicas ascéticas de la India. Quiere llegar a la dominación del cuerpo y de la mente. Dedica días y horas al estudio de la Teosofía, doctrina religiosa que pretende elevar el espíritu hasta la unión con la Divinidad. "Asiste a reuniones de los Rosacruces, una especie de mística literaria en la que sus fundadores deliberaban sobre los medios de reformar el mundo. La idea, también contenida en los principios del Cristianismo, atrae particularmente a Gabriela Mistral"[206].

Gabriela Mistral en el artículo "Una explicación más de caso Khrisnamurti", escrito en Santa Margherita Ligure, en julio de 1930, y publicado en *La Nación* de Buenos Aires, el 31 de agosto de ese mismo año, comenta el impacto que le diera la noticia sobre el comienzo de la predicación de Khrisnamurti, cuatro años atrás:

---

[203] En carta posterior a Eduardo Barrios, Gabriela Mistral expresa su irónico desprecio por aquellas sesiones espiritistas, en que Labarca creyó que Parrau sería ""el muerto" (Romelio Ureta) de Gabriela Mistral". Véase Vargas Saavedra, Luis (1978). Introducción, en Mistral, Gabriela. Prosa Religiosa de Gabriela Mistral, Santiago de Chile, Editorial Andrés Bello. La carta original a Eduardo Labarca decía: "Aquel joven Parrau a quien evocaron no conoció nunca Los Andes ni pudo, por lo tanto, morir aquí; no era masón. Vivió y murió en Antofagasta. A pesar de todo esto me interesan siempre las experiencias de ustedes". Mistral, Gabriela (1957). Epistolario. Cartas a Eduardo Labarca, op.cit., 45p.

[204] Besant, Annie (2004). La Sabiduría antigua: un esbozo de las enseñanzas teosóficas, Barcelona, Editorial Teosófica.

[205] Epistolario amatorio dirigido al poeta entre los años 1915 y 1923. Las primeras 24 cartas fueron transcritas por Amalia Redondo Magallanes, nieta de Manuel Magallanes Moure. Véase en http://bibliotecas.uc.cl/Cartas-de-Gabriela-Mistral/cartas-de-gabriela-mistral.html

[206] Monroy, Juan Antonio (2017). Literatura y espiritualidad Barcelona, Editorial Clie, 18p. https://www.clie.es/wp-content/uploads/vistas_previas/9788416845989.pdf

> A pesar de haberme desasido de la Teosofía, me golpeó fuertemente la información, como nos golpean en los sentidos un color o una forma familiares. La Teosofía primero, el budismo después, me regalaron el heroico-maravilloso de mi juventud; ellos fueron algo así como mi "Tanhauser" o mi "Parsifal" de los veinte años[207].

Al inicio de una carta fechada en 1931, en Italia, Gabriela Mistral le escribe al escritor y filólogo costarricense, Roberto Brenes Mesén señalándole que son "almas gemelas". La misiva la escribió la poetisa luego de un viaje a Costa Rica. "Brenes Mesén había estudiado en Chile entre 1897 y 1899; allí colaboró cuando se fundó el Ateneo de Santiago en esos años.

Además de sus estudios filológicos, tuvo conocimientos de las doctrinas del yoga, la Teosofía, mística y otras"[208].

Ese mismo año, Armando Zegri en el Diario del Pueblo (El Salvador) escribe sobre Gabriela Mistral diciendo: : "Siempre he considerado la visita a Méjico de Gabriela Mistral como el punto de partida entre su existencia previa de quietismo rural puro y esta otra un tanto andariega, combativa, emprendedora y a veces hasta apostólica"[209].

Acerca de Krishnamurti, Gabriela escribió varios artículos periodísticos en diarios de Santiago y de Buenos Aires entre 1930 y 1932, con motivo de la disolución de la Orden de la Estrella de Oriente, organización mundial de teósofos creada por Annie Besant para apoyar la tarea mesiánica de Jiddu Krishnamurti. En dichos artículos Gabriela Mistral demuestra que domina completamente el lenguaje especializado de los expertos en esoterismo.

---

[207] Vargas Saavedra, Luis (1978). Introducción, en Mistral, *op. cit.*

[208] Rojas González, Margarita (2005). Gabriela Mistral y sus publicaciones en Costa Rica, Trabajo presentado en las Jornadas mistralianas Gabriela, escritora y educadora internacional, organizadas por el Colegio de Profesores de Chile (Santiago, Chile, Centro Cultural de España, 16 noviembre de 2005)4p. http://www.repositorio.una.ac.cr/bitstream/handle/11056/2806/recurso_9.pdf?sequence=1

[209] García Huidobro, Cecilia (2005). Moneda dura. Gabriela Mistral por ella misma. Santiago, Catalonia, 60p.

En los Estados Unidos Lucila dio conferencias delante de los miembros de la Orden Tercera de San Francisco, a la cual ella también perteneció. En dichas ocasiones nuestra Maestra demostró dominar perfectamente los temas y actitudes místicas de Asia y de Occidente, comparándolas y mostrando como podrían ayudarse mutuamente las religiones de Oriente y de Occidente, y advirtió sobre la necesidad de crear una gran fraternidad de hombres y mujeres espirituales unidos contra el materialismo[210].

Cabe recordar que en 1926 Gabriela Mistral quería tener un libro preparado para la conmemoración de los 700 años de la muerte de San Francisco de Asís. Años después cumpliría con el libro *Motivos de San Francisco*: "Yo creería de buena gana que tú existes desde el comienzo de la tierra, Francisco, y que has hecho los cristales, los dientecitos del granizo y las pintaduras del lirio atigrado". El libro de la Sabiduría precisa que "desde antes de que nada hubiera" –cantan nuestros poetas a lo divino– ya el hombre estaba en la mente de Dios.

Así es que Francisco estaba ahí cuando eso lo hizo, lo sigue haciendo un Creador que se hizo niño sabiendo como nadie lo que es ser niño, o sea, abismado creador en una espiral de instantes colmados de eternidad. Su presencia en las cosas revela la belleza en el mundo, la trascendencia en la finitud"[211].

En carta del 22 de octubre de 1933, cuando Gabriela Mistral era cónsul de Chile en Madrid y el ecuatoriano escritor y ensayista, Gonzalo Zaldumbide, embajador en Francia, vuelve a confesar su apego y su conversión al budismo, lo que ocurre por una desilusión del catolicismo, fe a la que Mistral siempre fue muy cercana y que influyó mucho su obra. En esa confesión, que aparentemente le hace para que el ecuatoriano tenga una idea más profunda sobre las poesías que le pedía que prologara, Mistral le dice a Gonzalo Zaldumbide

---

[210] Mistral, Gabriela. Prosa Religiosa de Gabriela Mistral, *op. cit.*

[211] Sepúlveda, Fidel (1995). Gabriela Mistral: Una estética franciscana, Taller de Letras, N°23, Noviembre, Pontificia Universidad Católica, 151p.

que lo que disparó su salida del catolicismo para entregarse al budismo fue la muerte de su madre. "Ahora vamos en tierras de confesión pura"[212].

Y agrega en seguida que:

> Yo fui, de los veinte a treinta y tantos años budista, a escondidas de las gentes, como se esconden llagas escondí mi creencia, porque era maestra fiscal y porque presentía –hoy lo sé– que es una tragedia ser eso en medio de una raza católica, aunque sea o porque es, católico-idolátrica. Nunca dejó de obrar sobre mí, sin embargo, la fascinación de Jesucristo, y ambas cosas, cristianismo y budismo, se me acomodaron en el alma y la vida. Tal vez haya que decir para aclarar algo este absurdo que del cristianismo tomé la ética, casi la policía para la vida, del otro la metafísica y la práctica devocional. Esta última tuvo mucha importancia en mí, en mis facultades, a lo largo de mi juventud entera[213].

Más adelante le cuenta a su amigo sobre la muerte de su madre y el efecto que tuvo ese episodio en su conversión al budismo.

> Aquello (el catolicismo) duró hasta la muerte de mi mamá. Recé, hice lo posible por rezar a lo católico, y por sentir y por vivir en eso y creí que lo había logrado. Vino la tragedia y yo tenía mis novenas y mis libros de rezos llenos de lo que usted sabe: de morbosidad punitiva, de venenos para la imaginación desatada, en la enumeración de castigos, en cien detalles que no puedo darle por el poco tiempo, sobre la vida probable y segura. No pude colocar a mi madre en ningún lugar de esos sin volverme loca y condenarme con ella. Fui eliminando horrores, fui tirando y tirando y un buen día no tuve nada. Es imposible que yo viva atea y me puse a buscar sustitución de fe. Solita me volvió, como el halcón fiel, el budismo de la mano y a las entrañas. Me

---

212 Pallares, Martín (2015).   Gabriela Mistral: el budismo según se lo confesó a Zaldumbide, Especial El Comercio, Ecuador, 18 de abril. https://especiales.elcomercio. com/planeta-ideas/ideas/18-de-abril-del-2015/gabriela-mistral
213 Ibíd.

salvó, y creo que me ha salvado, porque me quedé viva, y más o menos serena, y con la mente limpia para tener y sostener allí a mi madre sin llamas, sin poder, sin tridentes, sin Demonio todopoderoso, sin pesadilla[214].

Más adelante, Mistral le dice a Gonzalo Zaldumbide: "el budismo es abajo panteísmo y arriba metafísica grande, y yo creo que nuestra raza, la de allá, no puede tajarse de cierto dionismo, de cierto pánico sin empobrecerse y hasta acabarse. Los indios saben lo que la muerte por la separación de la tierra como materia divina y como camarada y socia de su negocio temporal y además del eterno"[215].

Al final de la carta remata con esta confidencia: "me acuerdo de una vez que usted me hablaba de Santa Teresa alabando su termómetro pegado al cuerpo para seguirse la fiebre. Mi amigo querido, yo no he pretendido santidades, ay, no, he buscado únicamente fuerza para vivir, alguna ayuda sobrenatural, y alguna convicción de la otra orilla"[216].

Según el ensayista colombiano y experto en Mistral, Otto Morales en su libro "Gabriela Mistral: su prosa y poesía en Colombia"[217], el tema religioso siempre atormentó a la chilena y su tránsito del catolicismo al budismo y luego del budismo al catolicismo le resultaron siempre complejos y dolorosos. "Esto, sin duda, resalta en las cartas a Zaldumbide[218]. de los años 30 que fueron halladas hace relativamente pocos años[219].

Unos años después, pese a su público "especial "catolicismo, Gabriela Mistral recibe el 27 de octubre una carta de la brasilera, Leonor Posada donde la invita formalmente a integrarse a la Fraternidad Rosa Cruz de América del Sur. En la misiva se le señala que será iniciada por el

---

[214] Ibíd.

[215] Ibíd.

[216] Ibíd.

[217] Morales, Otto (2002). Gabriela Mistral: su prosa y poesía en Colombia, Convenio Andrés Bello, Colombia.

[218] Ibíd.

[219] Pallares, Martín (2015). Op. Cit.

delegado chileno Dr. Julián Elías Buchelli[220] el 1° de noviembre de 1944[221].

En 1945, en una carta a Carlos Dorihiac reniega del espiritismo señalando: "Yo no soy espiritista ni cosa parecida". Sin embargo, matiza posteriormente señalando:

> Yo voy pareciéndome algo a los japoneses. Su culto de los idos es maravilloso. Es crearse una vida con ellos; pero con ellos como si estuvieran en una presencia constante y familiar, sin nada de espantoso, de tremendo. Es aquello un trato inefable y real. Yo lo tengo con Yin, con mi madre. Esto es bastante difícil para un católico de tipo español. Nos han envenenado la imagen de los idos; han hecho de eso un espanto puro. Es preciso luchar contra 2.000 años de superstición y de venenos mortales[222].

En 1948, Gabriela Mistral le envía una carta a su amiga la poeta Olga Acevedo[223], a quien había conocido en Punta Arenas, tocando su eclecticismo[224]:

---

[220] Julián Elias Buchelli (1893-1947) dirigente Rosacruz se establece en Sudamérica, Chile. Permanece en contacto permanente con el Maestro Papus (Rosacruz, fundador del Martinismo) hasta la muerte de éste y continúa relacionado con algunos de los discípulos de Papus hasta comienzos de la Segunda Guerra Mundial. Aproximadamente en esa misma época establece contactos y se asocia a Rakadazán que está plenamente activo en Estados Unidos. A través de Rakadazán participa de las enseñanzas e influencias del grupo de Chicago y recibe las instrucciones secretas de aquel Adepto Americano. Unifica estas tradiciones y aportes a aquellas ya recibidas previamente por él en Europa provenientes del Maestro Gerard Encausse (Papus) y la línea Mágica que él representaba. Buchelli termina unificando las dos ramas Mágicas más importantes existentes en Occidente. Hereda y preserva los importantes libros de Magia y manuscritos y enseñanzas orales recibidos de estas dos líneas.

[221] Véase http://www.bibliotecanacionaldigital.cl/bnd/623/w3-article-142373.html

[222] Monroy, Monroy, Juan Antonio (2017). Literatura y espiritualidad, Ibíd, 19p.

[223] "Olga Acevedo, nacida en Santiago de Chile hacia fines del siglo XIX, tuvo una vida literaria y política activa. Durante la década de 1940 se involucró de manera comprometida en la Alianza de Intelectuales de Chile, cuya constitución se celebró el día 7 de noviembre de 1937 con la intención primera de apoyar la causa de la España republicana y formar un amplio frente de artistas e intelectuales en la lucha contra ideologías totalitarias como las que llevaron a Europa a la Segunda Guerra Mundial". Véase http://www.memoriachilena.cl/602/w3-article-334082.html

[224] El eclecticismo (del griego *eklegein*, "escoger") es, en filosofía, una escuela filosófica nacida en Grecia que se caracteriza por escoger (sin principios determinados) concepciones filosóficas, puntos de vista, ideas y valoraciones entre las demás

> Usted, como yo, quiere mucho a su Buda, pero no suelta la mano de Nuestro Señor Jesucristo, y tiene un furioso internacionalismo, pero es sólo Chile lo que le resuma del corazón. A esta Olga mudadora de moradas y en verdad clavada en un solo patio, yo me la sigo queriendo[225]. Algún día Ud. va a deshacer algo de la ruta hecha por un tirón criollo, y yo daré algunos pasos adelante. Entonces estaremos juntas y sin discusión ni literaria ni social[226]

Gabriela Mistral también publicó artículos magistrales en prosa, sobre San Miguel Arcángel, sobre Santa Catalina de Siena, acerca de San Francisco de Asís, Santa Teresa del Niño Jesús, Santa Teresa de Ávila y sobre el Catolicismo social cristiano.

> Señalo esto porque la mayoría de las personas de fines del siglo XX y de comienzos del siglo XXI solo conocen a la Gabriela poetisa, y no saben casi nada de la Gabriela prosista y experta en religiones de Asia, en la Biblia, en los Santos y Teólogos de Occidente, incluso en temas de yoga, de rosacrucismo, de política, de masonería, del judaísmo. Sus lecturas son de tipo universal. Unía en sí misma la profundidad mística contemplativa, la precisión de conceptos, la elevación de los sentimientos, la visión unitaria de las cosas de Arriba con las Abajo, la compasión por los que sufren, vocabulario amplio, capacidad de síntesis, además del claro sentido estético de la palabra que todos aprecian en algún grado[227].

Pero Gabriela iba más allá. Se hizo alumna por correspondencia de un gran Yogui de la India, de Sri Aurobindo Gose, fallecido el 5 de Diciembre de 1950. Ambos intercambiaron numerosas cartas, y

---

escuelas que se asumen que puedan llegar a ser compatibles de forma coherente, combinándolas y mezclándolas aunque el resultado pueda ser a menudo contrapuesto sin llegar a formar un todo orgánico.

[225] En varias de sus poesías utiliza la figura del Gran Arquitecto y la de la Madre Tierra, también denominada por nuestra autora como Isis. Véase Naranjo Igartiburu, Manuel (2015), Los nombres de la diosa: religiosidad en la poesía de Olga Acevedo. La Calle Passy 061. http://www.lacallepassy061.cl/2015/12/los-nombres-de-la-diosa-religiosidad-en.html?m=1

[226] Acevedo, Olga (1948). Donde crece el zafiro, Santiago, Nascimento, 70p.

[227] Laredo Cárter, Fernando. Historia esotérica y espiritual de Chile, *op. cit.*

Gabriela, al desencarnar su gurú, escribió un hermoso artículo de homenaje acerca de su Maestro titulado *Algunas Palabras sobre Sri Aurobindo*, que se tradujo a varios idiomas. La traducción inglesa de dicho artículo por el fallecimiento de este gran Gurú fue publicada en varios periódicos de la India.

Gabriela Mistral en *Algunas Palabras sobre Sri Aurobindo* señala:

> Ofreciendo el raro fenómeno de una exposición clara como un bello diamante sin el peligro de confundir al profano en la materia"[228]. Y añade de forma contundente: "Seis lenguas extranjeras le han dado al Maestro de Pondicherry el don de la coordinación, una claridad libre de excesos y un encanto que roza lo mágico… Tenemos ante nosotros una prosa que se acerca a la del gran Eckhart[229], clásico alemán y origen del misticismo europeo"[230]. Y así se regocija: Sin duda son "buenas noticias" las que nos llegan: "el saber que hay un lugar en el mundo donde la cultura ha alcanzado su cariz de dignidad al unir en un hombre una vida sobrenatural con un consumado estilo literario, poniendo de esa forma de su prosa bellamente austera y clásica al servicio del espíritu[231].

Ella buscaba la experiencia mística directa, practicando constante oración mental silenciosa, usaba mantras orientales, profundizó en

---

[228] Véase Kumar Roy, Dilip. Sri Aurobindo vino a mi (reminiscencias), 106p. https://www.aurobindo.ru/workings/other/dilip-sri_aurobindo_vino_a_mi.pdf

[229] Místico alemán. Estudió en Colonia, donde recibió el título de maestro en teología (1303). En 1320 fue nombrado maestro de teología del Studium Generale de Colonia, aunque la heterodoxia de sus doctrinas hizo que el papa Juan XXII condenara sus doctrinas en 1329. El movimiento místico de Eckhart busca la unión del alma con Dios, a través de una serie de estadios: el alma reconoce primero que el ser pertenece sólo a Dios, mientras que ella misma no es nada por sí; en un segundo momento se descubre como imagen de Dios, cuando se ha olvidado de sí; en el tercer estadio, el alma se reconoce como idéntica a Dios, tesis que dio pie a la acusación de panteísmo, y sobre cuyo sentido se ha discutido abundantemente; el último estadio supone la superación de Dios como creador, en su anterioridad exenta de determinaciones y que se identifica, por tanto, con la nada. Las obras principales de Eckhart son *Opus tertium* (que dejó inconclusa) y *Quaestiones parisienses*. Véase https://www.biografiasyvidas.com/biografia/e/eckhart.htm

[230] Laredo Cárter, Fernando. Historia esotérica y espiritual de Chile, *op. cit.*

[231] Ibíd.

los misterios de la Biblia, en el pensamiento de Jesucristo y de los Apóstoles.

> "Hay quienes dicen que unos diez años antes de morir alcanzó la visión de la Luz Infinita. Y creía en la Reencarnación y en la Ley de Karma. Y sabía perfectamente que la humanidad necesita un renacer espiritual general y profundo. Pensaba que si los orientales se unían a los cristianos en esa transformación se lograría renovar el alma de la humanidad, y si no que por lo menos los Masones lograran el ideal de fraternidad universal por la educación de las masas y la reforma social que trajera justicia y paz a la tierra. Pero la humanidad no podía seguir así como estaba. Era una mujer sabia y compasiva, influyente, fuerte, justa, espiritual y de amplio criterio. Una heroína del Espíritu[232].

Para reafirmar esta idea, luego del suicidio de *Yin Yin*[233], Gabriela Mistral señaló:

> Esta muerte de *Yin Yin*, en lo que lo que entiendo, es un castigo a delitos míos de vida anterior de los cuales nada supe y recién me voy enterando: aprendiéndolos como una biografía de ultratumba, eso es el "karma"[234].

Pero Gabriela Mistral no abandonó el Yoga, ni el cristianismo franciscano, ni el rosacrucismo, y hasta la muerte se mantuvo en sintonía con esos caminos, y por eso demostró un gran discernimiento espiritual y una profunda inteligencia, y desde luego, demostró que el Espíritu puede guiar a las personas hacia la grandeza en el mundo y hacia la Luz en la Eternidad.

Otro punto que le interesó mucho a Gabriela de esta Escuela es el tema de la reencarnación. Ella consideraba que en su vida actual estaba pagando por un grave pecado que había cometido en una existencia anterior. Pensaba que esa grave falta había provocado un

---

[232] Ibíd.

[233] 14 de agosto de 1943.

[234] Quezada, Jaime (2002). Bendita mi lengua sea. Diario íntimo de Gabriela Mistral, *op. cit.*, 159.

efecto kármico muy doloroso para ella: Su soledad personal casi absoluta. Todos los seres que ella más amaba en la vida le fueron arrebatados violentamente: Romelio Ureta, su novio suicida, y su sobrino, Juan Miguel Godoy Mendoza, a quién ella llamaba cariñosamente como *Yin Yin*, fallecido de una sobredosis de arsénico el 14 de Agosto de 1943, en Petrópolis, en Brasil, también por suicidio, a los dieciséis años.

> Gabriela Mistral tenía toda la razón cuando quiso retirarse de la Sociedad Teosófica, porque además de los motivos que ya se mencionó hay otro: Abandonar la Sociedad Teosófica no es lo mismo que abandonar a la Teosofía, o el Camino de la Sabiduría Divina, pues como ya se dijo antes el vocablo griego Teo = Dios y Sofía = Sabiduría indica que ella nació, vivió y murió como teósofa, porque siempre trató de buscar la Verdad Primera y última y Universal, tanto por vía racional como devocional, y se comprometió personalmente con los tesoros espirituales que halló en ese Sendero, y trató de iluminar al mundo con esa luz, usando la prosa y la poesía, el discurso y el ejemplo, la oración y el consejo adecuado[235].

Gabriela Mistral mantuvo presentes hasta el final de su vida tanto el rosacrucismo y el yoga, formas de Teosofía, y el cristianismo tradicional que retomó en su edad madura.

> Puede afirmarse que ella siempre vivió con ese ideal en su mente y en su corazón, y que nació para iluminar a Chile y al Mundo, y que cumplió plenamente la misión que le fue encomendada por los Poderes Celestiales que la hicieron descender a la tierra de Vicuña, del Valle de Elqui y Monte Grande, donde ahora reposan sus restos, y ante cuya tumba el Autor de este libro ha estado horas orando en silencio por el alma de Chile[236].

Prueba de ello es que en 1946, después de haber recibido el Premio Nobel de Literatura, ella recomendó para recibir el mismo Premio

---

[235] Ibíd.
[236] Ibíd.

Internacional para el año siguiente a su Maestro Hindú, Sri Aurobindo, pues el reglamento interno tradicional de los autores que han recibido el Nobel es que pueden recomendar a Estocolmo a una persona que se cree que merezca ese gran Premio.

Y ya Aurobindo tenía un gran número de publicaciones de corte literario y filosófico que circulaban por el mundo entero. Pero su recomendación no logró su objetivo, pues en 1950 ganó el Premio Nobel de Literatura el filósofo británico Bertrand Russell. Da testimonio de estas gestiones el escritor y diplomático chileno y médico don Juan Marín, en el libro *La India Eterna*. El doctor Juan Marín también era otro de los contemporáneos de Gabriela Mistral que tenía un amplio conocimiento de las religiones orientales, del esoterismo universal, y que además de conocerla a ella personalmente, se había entrevistado en la India con Sri Aurobindo y con Sri Ramana Maharishi. También había publicado obras sobre Taoísmo, el Budismo Tibetano y de Egiptología, pues como embajador de Chile y médico de la Marina Nacional estuvo en Egipto, en la China, en el Tíbet y en la India. Por eso es un error típico de los que no leen lo suficiente el pensar que las inquietudes de los seguidores de la Nueva Era es cosa de finales del siglo XX, tal como se dice en el Prólogo[237].

Sri Aurobindo es el más extraordinario de los pensadores de la India, y el que ha realizado la síntesis más completa entre los pensamientos de Oriente y de Occidente. Gabriela Mistral[238].

Es en la carta del 20 de julio de 1949 en que Gabriela Mistral se refiere a una entrevista en que declara que Sri Aurobindo, Buddha, Cristo y San Francisco eran los pilares de su vida religiosa, y que quería recomendar a Sri Aurobindo para el Premio Nobel.

---

[237] Ibíd.

[238] Véase https://alcioneweb.com/sri-aurobindo/

Sri Aurobindo me abrió el camino hacia mi consagración religiosa. La lectura de sus obras me ha proporcionado gran serenidad e iluminación. Gabriela Mistral[239].

En *Cuadernos de Veracruz (1948-1950)*. Gabriela Mistral reitera su gusto histórico por los libros de espiritualidad oriental, al señalar que:

Estoy sin libros orientales. No he desempacado varios cajones que me traje de Monrovia. Otra vez la cara al viento. Y la errancia. El pulso malo. Regué plantas y la mano quedó así temblando. Escribo en el triste día del asesinato de Gandhi ¡Qué horror! DIOS tenga piedad de la India y del mundo, que se cierra como la noche[240].

En una carta de 1950 a la poetisa salvadoreña, Claudia Lars[241], Gabriela Mistral vuelve a tocar el tema de la reencarnación:

Claudia querida: no viniste. Y yo me voy a Italia. Y tengo la certidumbre de que no volveré por estas tierras. Te estoy dando, pues, una cita para lo otra vida, la verdadera. Me han nombrado cónsul en Nápoles[242].

En *Cuadernos de Nápoles* (1952), Gabriela Mistral muestra su siempre crítica posición política y espiritual:

Cada vez que leo la Biblia (en voz alta) casi me quema el verbo de los Profetas, Isaías, Daniel, Jeremías. Fueron tan lejos en la violencia como los líderes incandescentes de hoy. Pero los cristianos -y los masones que bautizan a sus hijos- se espantan del verbo desesperado de los comunistas. Y si aún no matan a los rojos, no es que les falten ganas.

---

[239] Véase http://www.lasegundafundacion.com/wp/documento-ii-conmemoracion-de-sri-aurobindo-en-la-sorbona-5-de-diciembre-de-1955-extractos/

[240] Quezada, Jaime (2002). Bendita mi lengua sea. Diario íntimo de Gabriela Mistral, *op. cit.*, 189p.

[241] Margarita del Carmen Brannon Vega, conocida por su seudónimo Claudia Lars (Armenia, 20 de diciembre de 1899-San Salvador, 22 de julio de 1974), fue una poetisa salvadoreña. Su obra es considerada de un depurado lirismo y destaca por su dominio de la métrica.

[242] Chávez, Carlos (2009). De Gabriela, siete carta para una amiga, revista Séptimo (Sentido), 13p.

Suelo quitarles la vista porque no me vean el asombro - y el espanto- que me suele dar su odio. Y pensar que los indignados no son Savonarolas ni Magginis, que son... nuestros radicales[243].

El 30 de junio de 1952, Gabriela Mistral recibe una carta de Anita Olea Salinas[244], miembro del Grupo Martinista Chile[245], quien le cuenta que viajo ese mes a Europa pero ya está de vuelta en Chile. Le reitera el anhelo compartido que "la felicidad sea eterna". Además le ofrece un libro sobre plantas chilenas[246].

El 12 de agosto de 1953, Mercedes Cabrera del Río le escribe desde Veracruz, México, a Nueva York a Gabriela Mistral y Doris Dana. En la misiva les señala "a sus amigas del alma" que sufrió un pequeño accidente. Y que sabe que Gabriela sigue con su diabetes. En una parte de la carta le pregunta si Dana sigue los ritos y si sigue siendo miembro de la Orden Rosacruz[247] AMORC[248].

Una carta al padre Francisco Dussuel a mi juicio reproduce con claridad la tensión religiosa que vivió durante toda su vida Gabriela Mistral.

---

[243] Quezada, Jaime (2002). Bendita mi lengua sea. Diario íntimo de Gabriela Mistral, *op. cit.*, 202-203pp.

[244] Anita Olea pasó a conducir el chileno Grupo Martinista Thot el 12 de octubre de 1982, luego del fallecimiento de Horacio Hevia Mujica. Ordre Martinista (1983). L'initiation. Cahiers de documentation esoterique traditionnelle, Paris, 46p.

Posteriormente este grupo tomaría de forma de homenaje el nombre de su fundador el académico y abogado Jaime Galté Carré. Ver Salinas, Sergio (2016). Jaime Galté...el médium más grande de nuestra historia...el maestro espiritual más allá del tiempo. Santiago, Grupo de Estudios Jaime Galté.

[245] La primera actividad de Martinismo en Chile está fechada y documentada el 17 de septiembre de 1923 en la Logia Martinista "Estrella Solitaria N° 333" de la ciudad de Concepción. Véase http://ormach.blogspot.com/2014/05/sobre-el-martinismo-en-chile.html

[246] Véase Olea Salinas, Anita. Carta a Gabriela Mistral. Véase http://www.bibliotecanacionaldigital.gob.cl/bnd/623/w3-article-138032.html

[247] Entre los adeptos en la historia de la rosacruz encontramos a personajes como Johan Valentín Andreae, Paracelso, Barnaud, Heinrich Khunrath, Francis Bacon, Michel Maïer, Robert Fludd, Comenius, René Descartes, Spinoza, Thomas Vaughan, Papus, Philippe de Lyon, Phaneg, Marc Haven, Paul Sedir, Paul Adanm, Eliphas Lévi y Eric Satie.

[248] Cabrera del Río, Mercedes (1953). Carta a Gabriela Mistral y Doris Dana. http://www.bibliotecanacionaldigital.gob.cl/visor/BND:144487

> Yo fui un tiempo no corto miembro de la Sociedad Tege. La abandoné cuando observé que había entre los teósofos algo de muy infantil y además muchos confucionismo. Pero algo quedó en mí de ese periodo –bastante largo: quedó la idea de la reencarnación, la cual *hasta hoy* no puedo –o no sé– eliminar. Cada vez que me confieso, Padre, no soy ayudada respecto a este asunto tan hincado en mi...Del Budismo me quedó, repito, una pequeña *Escuela de Meditación*. Aludo al hábito, tan difícil de alcanzar que es el *de la oración mental*. Le confieso humildemente que, a causa de todo lo contado, no sé rezar de otra manera. Debo confesarle más, no puedo con el Santo Rosario. Una amiga mexicana católica absoluta (Palma Guillén), me ayudó mucho a pasar de aquel semibudismo, que nunca fue total, nunca perdí a mi Señor Jesucristo, a mi estado de hoy[249].

Ocho años antes, en *Cuadernos de Nápoles* (1952), Gabriela Mistral de nuevo hablaba sobre la reencarnación para mostrar lo sostenida de su posición que sólo termino con su muerte:

> Yo he tenido una vida muy dura; tal vez ella alimento en mí la creencia de que esta vida de soledad absoluta –yo tuve sino la escuela primaria- que ha sido mi juventud, viene de otra *encarnación* en la cual fui una criatura que obró mal en materias muy graves. El creer esto me dio paciencia y una absoluta resignación. Mi padre abandonó a mi madre; después de esta desventura vendría la lucha de una maestra sin título alguno, combatida siempre por algo que yo llamo la conjuración masónica-profesoral de mi país[250].

---

[249] Dussuel, Francisco (1960). Carta inédita de Gabriela Mistral, Mensaje, enero-febrero, N°86, vol. IX, 20-21p., en González Pizarro, José (1989). La otra Gabriela Mistral, op. cit, 117p. También en Quezada, Jaime (2002). Bendita mi lengua sea. Diario íntimo de Gabriela Mistral, *op. cit.*, 202-203pp.

[250] Quezada, Jaime (2002). Bendita mi lengua sea. Diario íntimo de Gabriela Mistral, *op. cit.*, 204p.

3.1. La Teosofía en la poesía mistraliana

La poesía de Gabriela Mistral pasa por diferentes etapas, tanto en la temática como en el estilo. En sus primeros versos, de tendencia modernista, se observa un predominio de la emoción sobre el intelecto, y al mismo tiempo una afinidad muy marcada con lo religioso, o mejor dicho lo espiritual. Luego su obra se encamina hacia un estilo personal, con un lenguaje coloquial y un simbolismo impregnado de tradición folclórica. Pero a pesar de esa evolución en la expresión poética, los temas básicos permanecen: la infancia, la maternidad frustrada, las inquietudes religiosas y sociales, y sobre todo la muerte y la percepción de su propio fin[251].

Algunos autores como Grínor Rojo sostienen que ideológicamente, sabemos que la joven Gabriela pasa desde un radicalismo anticlerical algo ingenuo, el de sus quince o dieciséis años, que le costó el anatema del obispo de La Serena y su no admisión en la Escuela Normal de Preceptores de esa misma ciudad, a su descubrimiento del mensaje teosófico y en general de las doctrinas esotéricas, sobre todo en los años de Antofagasta y Los Andes, de 1911 a 1917, y a un catolicismo que primero convive con el esoterismo y que se manifiesta después mucho más excluyente, pero sólo por un corto período, el que sigue a su primera estancia en México entre 1926 y 1929.

> El radicalismo anticlerical va codo a codo con sus atrevimientos sociales y políticos durante la primera etapa de este ciclo y suministra el contenido de algunas de las prosas que ella entregó para *La Voz de Elqui* de La Serena, *El Coquimbo* de Coquimbo y *El Tamaya* y *El Constitucional* de Ovalle. El panteísmo y el animismo teosóficos o simplemente esotéricos proporcionan por otra parte su riqueza a la vena espiritualista y sobrenadan en/entre algunos de esos mismos textos periodísticos o semiperiodísticos, así como en otros de *Desolación*. Finalmente, el catolicismo se da la mano con el femenilismo, con el conyugalismo, con el maternalismo y con el familiarismo a la vez que ofrece noticia sobre una percepción positiva del *status quo* social y político. De suma importancia, a propósito de este proceso de (in)constitución

---

[251] Moulin, Sylvie. Gabriela Mistral en busca de sí misma, *op. cit.*

del sujeto Mistral, es a mi juicio la magnitud amorosa, cuya forma queda definida para siempre en los textos que integran la sección "Dolor" de *Desolación*. "*Los sonetos de la Muerte*" son el mejor ejemplo de esto[252].

Los Sonetos de la muerte nacen del dolor causado por el suicidio de Romelio Ureta, pero revelan también la influencia de los textos que han contribuido a la formación intelectual de Gabriela, en ese momento textos teosóficos, la Biblia y La Divina Comedia de Dante Alighieri hasta los poetas modernistas y simbolistas.

Sergio Gaytán M., de la Corporación Andrés Sabella, sostiene que es interesante la propuesta de Augusto Iglesias en su libro Gabriela Mistral y el modernismo en Chile[253] es que realicemos una lectura de Los Sonetos de la Muerte, bajo el prisma de lo postulado por Mmc. Blavastsky, dado que los Sonetos fueron elaborados dos años antes del premio de 1914: "Su espíritu experimentaba el pleno auge de esas creencias, lo que confirma su tesis puesto que ella era miembro activo de dicha Logia y, tercero, que su propia lectura le confirman las "indudables huellas de lecturas y creencias ocultistas"[254].

Más tarde esos tres sonetos serán incorporados en *Desolación*, colección de poemas realizada en 1922 por el Instituto Hispánico de Nueva York, que pertenece claramente a la corriente modernista, a pesar de haber sido publicada cuando el modernismo ya estaba casi muerto. De hecho, refiriéndose a ese período de la producción mistraliana (Bellini, Giuseppe (1985). *Historia de la literatura hispanoamericana*, Madrid, Editorial Castalia), considera a Gabriela Mistral como una figura de transición entre el modernismo y la poesía moderna[255].

---

[252] Rojo, Grínor (1998). Summa mistraliana, Revista *Nomadías* N° 3. Santiago. Universidad de Chile, Facultad de Filosofía y Humanidades, Programa de Género y Cultura en América Latina, Editorial Cuarto Propio.

[253] Iglesias, Augusto (1949). Gabriela Mistral y el modernismo en Chile, Santiago, Editorial Universitaria.

[254] Gaytán, Sergio (2009). Mistral en el norte de iglesias, Corporación Andrés Sabella, 7 de julio. https://museosabella.blogspot.com/2009/07/mistral-en-el-norte-de-iglesias.html

[255] Ibíd.

Uno de sus libros considerados más herméticos por algunos autores es *Tala*[256]. Julio Saavedra Molina, en un libro de 1937, rechazaba la idea que el título no significaba nada. Para el escritor *Tala* tiene un sentido.

> Este par de sílabas forma parte en muchos idiomas, y con significados archi distintos: *llanura* en sáncrito, lengua madre de la Teosofía; lenguaje en antiguo germánico, en relación con *tale* en inglés; *número* en islandés, *tablilla* en portugués, *arrasamiento* en castellano, etc.[257].

Para Saavedra Molina, luego de analizar el contenido del libro, piensa que este libro toma la definición del sáncrito, ya que su *Tala* tiene de llanura, plano astral, desolación y angustia. "Pero, no olvidemos que en 1938 Gabriela venía de Brasil a la Argentina, y que allí escribió después un artículo *Sobre el chileno Torres Rioseco*, donde se lee: "...recia como un tala en Goyáz[258]", lo que parece designar un árbol de dicha región brasilera, cuyas virtudes ignoro".

Para el escritor la actitud de Gabriela Mistral es teosófica en *Tala*:

> Cree en *otra* vida, pero no en la otra; está cierta de que la muerte no es el término de nuestra existencia; pero es quizás el fin y disolución de nuestro yo terrestre; tal como lo teme (y no digamos lo cree) un escéptico, un Leopardi[259]; un De Vigny[260], pongamos por caso[261].

---

[256] Dedicado a Palma Guillén: A Palma Guillén, y en ella, a la piedad de la mujer mexicana.

[257] Saavedra Molina, Julio (1946). Gabriela Mistral: su vida y su obra, Santiago, Prensas de la Universidad de Chile, 76p.

[258] Véase El Mercurio, 2 de abril de 1945.

[259] Giacomo Leopardi, poeta italiano nacido en Recanati, Las Marcas, en 1798. Primogénito del conde Monaldo y de la marquesa Adelaida Antici, recibió una educación rígida y conservadora a pesar de su enorme fragilidad física. Desde muy pequeño aprovechó la extensa biblioteca de su padre para adquirir una vasta cultura que lo convirtió en un gran poeta y ensayista. Su primera publicación, *Al pie del monumento de Dante* en 1819, fue seguida por obras de carácter romántico y melancólico entre las que se destacan *Cantos* en 1824 a 1835, *Misceláneas* en 1832, *Opúsculos morales* en 1827, *y Zibaldone* en 1832. Véase http://amediavoz.com/leopardi.htm

[260] Conde de Vigny Alfred Victor: (Loches, Indre-et-Loire, 1797-París, 1863) Escritor francés. Miembro de una familia de pequeña nobleza arruinada por la Revolución, ingresó en el ejército, donde fue subteniente (1817), teniente (1822) y capitán (1823), grado con el que tomó parte en la campaña de los Cien Mil Hijos de San Luis, sin que su regimiento llegase a pasar la frontera. Véase http://www.biografiasyvidas.com/biografia/v/vigny.htm

[261] Saavedra Molina, Julio (1946). Gabriela Mistral: su vida, *op. cit.*, 83p.

De esta manera, Saavedra Molina diferencia la posición de la poetisa de otros escritores que se entregan a Dios a la manera católica como Santa Teresa o San Juan de la Cruz:

> Actitud serena, alegre, acorde con un estado del alma seguro de la otra vida, que es mejor que la terrestre. Por lo tanto, este creyente está anheloso de dejar cuanto antes este valle de lágrimas, a fin de deleitarse en la contemplación de Dios, cara a cara[262].

Para el escritor, Gabriela Mistral espera para sí una vida real después de la muerte:

> Está segura de reunirse con los seres que amó, en algún paraje estelar, en algún 'plano' que escapa a los sentidos de los seres en vigilia, pero que los iniciados logran alcanzar en sueños o trance. De aquí tantas y tantas expresiones y alusiones que parecen desatinos; pero que tal vez, para ella y sus pares, estén henchidas de substancia[263].

Saavedra Molina afirma que la inclinación natural de Gabriela Mistral a sentirse iluminada y en trato con la Divinidad, toma pues en estos poemas de *Tala* un sesgo curioso y diferente del que ya conocíamos en *Desolación*. Aquí en *Tala*:

> El Padre se ha deshumanizado también, se ha despersonificado y convertido en ciertos poderes ocultos y tercos, muy parientes de los de la Voluntad Inconsciente de Schopenhauer[264], cuyas concomitancias con las doctrinas védicas y brahmánicas nadie ignora[265].

Para el escritor *Tala* es la poesía simbólica por excelencia. A la manera oriental y de ciertos libros de la *Biblia*.

---

[262] Ibíd.

[263] Ibíd.

[264] Schopenhauer al igual que otros filósofos y escritores como Fichte, Schelling, Lessing, Henry More, Hender, entre otros, creen en la reencarnación.

[265] Saavedra Molina, Julio (1946). Gabriela Mistral: su vida, *op. cit.*, 83p.

No es por lo mismo lectura para todos, ni siquiera para la minoría letrada y culta; sino para iniciados. Para iniciados en dos disciplinas: el simbolismo teosófico en cuanto al fondo, y el simbolismo ultramodernista con metáforas y muletillas despampanantes, en cuanto a la forma. Se dan cita en él, pues, dos tinieblas[266].

Saavedra Molina señala que en este libro la poetisa alude a estados de alma subconsciente "(adviértase la frecuencia de las voces *sonámbula*, *sueño*, *dormir*, y otras análogas) muestra que, para ella, la vida natural, valiosa y perdurable es la subconsciente del animal inferior o vegetal insensible; en lo que se dan la mano teorías antiguas y modernas"[267].

Pero el escritor y académico Grínor Rojo sostiene que esta tensión entre lo más hermético y lo tradicional religioso en la poesía en Gabriela Mistral también se puede apreciar en su libro *Desolación*[268]. Mistral, afirma Rojo, sostiene que los *Poemas de las madres* fueron escritos "con intención casi religiosa" porque "la santidad de la vida comienza en la maternidad". "Poemas pues voluntarísticamente marianos, pero que, cuando uno menos lo espera (en la sección doce del primero, por ejemplo), no tienen inconveniente en dar una vuelta de tuerca y en volver la mirada hacia la imagen pagana de La Tierra, la que se le aparece a Mistral con 'la actitud de una mujer con un hijo en los brazos'"[269].

El académico sostiene que la poetisa sujeta todas las riendas de su animismo teosófico en el siguiente poema: "Voy conociendo el sentido maternal de las cosas. La montaña que me mira, también es madre, y por las tardes la neblina juega como un niño por sus hombros y sus rodillas".

Algo parecido es lo que ocurre en el más insospechable de todos los lugares, en las canciones de cuna, piedra de

---

266 Ibíd.
267 Ibíd.
268 Mistral, Gabriela (1922). Desolación. New York, Instituto de las Españas en los Estados Unidos.
269 Rojo, Grínor (1998). Summa mistraliana, *op. cit.*

toque de la ideología maternalista de la poeta, como es bien sabido, pero que si se las lee con cuidado resultan menos marianas de lo que la gente buena suele creer. A la inversa, debe advertirse que estas canciones de cuna son dignas del mayor elogio desde un punto de vista artístico o, lo que viene a ser lo mismo, desde un punto de vista que prescinda de los servicios de la estética/ética convencional[270].

En relación a los sueños, afirma que Mistral reserva también algunas palabras para su estado anímico posterior al sueño: "Pero yo despierto agradeciendo a Dios lo vivido"[271]. La conjunción adversativa "pero" con que comienza la oración debe entenderse en relación al hecho de que el sueño termina justo en el momento en que las hermanas entran a la casa. Mistral añade, además, una "Quinta parte. Los resultados del sueño" (sic) para seguir dando cuenta de su estado anímico[272].

Agrega la escritora señalando que despertó llena de fuerza y muy alegre. Como evaluación posterior al despertar, añade que después del sueño no siente "mayor espiritualidad. Sí mayor fuerza y alguna intrepidez de espíritu"[273].

Sin duda, lo "vivido" por Mistral en este sueño está ligado a su conocimiento de experiencias iniciáticas, y, en este sentido, es un sueño que aunque ofrece un rico simbolismo primario —el pan, la escalera, el árbol–, que no me es posible analizar aquí, remite a las lecturas teosóficas mistralianas, que son con toda seguridad los mayores referentes que tiene la poeta sobre el tema de la iniciación espiritual[274].

Partiendo de las primeras constataciones presentadas por Martin Taylor, en su *Sensibilidad religiosa* de Gabriela Mistral, y por Luis Vargas Saavedra, editor de *Prosa religiosa narrativas del yo errante:*

---

[270] Ibíd.

[271] Mistral, Gabriela (2002). Bendita mi lengua sea. Diario íntimo de Gabriela Mistral (1905-1956), Santiago, Planeta, 2ª ed., 171p.

[272] Rubio, Cecilia (2011). Narrativas del yo errante: persona y paisaje en los sueños, *op. cit.*, 155p.

[273] Mistral, Gabriela (2002). Bendita mi lengua sea, *op. cit.*, 171p.

[274] Rubio, Cecilia (2011). Narrativas del yo errante: persona y paisaje en los sueños, *op. cit.*, 155p.

persona y paisaje las huellas del yo de Gabriela Mistral, Grínor Rojo[275] ha documentado la vinculación de la poeta a la Teosofía con suficiente exhaustividad, confirmando sus lecturas de textos teosóficos, sus escritos en revistas de la misma orientación (*Nueva Luz*, en 1913 y 1914; y *Revista Teosófica Chilena*, en 1924), tanto como su participación efectiva en tres grupos: la Sociedad Teosófica de Chile, con sede en Santiago, desde los años 1907 o 1908, la logia "Destellos" de Antofagasta, en 1913[276], y la logia "Despertar" de La Serena en 1925[277].

> Sostiene Rojo que esta vinculación es más o menos intermitente, se mantiene vigente entre 1926 y 1929, y no dejará de reaparecer a principios de los años cincuenta, los últimos de su vida. La propia poeta hace continuas referencias al pensamiento teosófico, el que muchas veces funciona como trasfondo de formulaciones de deseos y de inquietudes espirituales, en sus diarios de vida[278].

Cecilia Rubio señala que lo que le interesa señalar es que más allá de cualquier consideración de tipo propiamente espiritual e intelectual, la relación de Mistral con la Teosofía encuentra una de sus explicaciones en lo que esta corriente comparte con la visión de mundo campesina chilena –de la que Mistral se reclamaba partícipe–, en lo que se refiere a la experiencia de la muerte y a cierto animismo presente en la naturaleza.

---

[275] Rojo, Grínor (1997). Dirán que está en la gloria, *op. cit.*

[276] La fecha correcta es 1911.

[277] Después de 1919, Ricardo Michel Abos-Padilla y Gabriela Mistral "pertenecían a la logia Despertar, en La Serena, Chile, fundada dos años antes por Demetrio Salas Maturana". Cuando volvió Gabriela a Chile en 1925, reanudé las charlas y paseos con sus amigos de la logia de La Serena". Taylor, Martin (1975). Sensibilidad religiosa de Gabriela Mistral, Madrid, Editorial Gredos, 247p. Gabriela Mistral llamaba "pastor" a Demetrio Salas Maturana, miembros del Movimiento de Regeneración Humana. Véase Latcham, Ricardo. Don Demetrio mago vegetariano, en Latcham, Ricardo (1969) Páginas Escogidas, Santiago, Editorial Andrés Bello, 313p. Lo cierto es que en 1925 no existían ninguna logia mixta es decir con participación de mujeres. Recién en febrero de 1929 Alberto Morales Munizaga, Emilio Hochkopler, Demetrio Salas Maturana, Ignacio Sotomayor, Ernesto Carrera Huerta y Pablo Vergara Cortés, todos miembros activos, en ese minuto, de la R∴Log∴ N°65 "Hiram" de la Gran Logia de Chile fundan la primera logia mixta.

[278] Rubio, Cecilia (2011). Narrativas del yo errante: persona y paisaje en los sueños, *op. cit.*, 156p.

En efecto, tanto la Teosofía como el imaginario campesino chileno propician un pensamiento en el que vida y muerte, mundo natural y mundo espiritual son espacios que pueden establecer algún modo de contacto, gracias a la presencia de "espíritus elementales" que en tanto seres benéficos y malignos habitan la naturaleza. Tal como hemos visto, la Teosofía ayudaba a Mistral a enfrentar el problema de la muerte de manera más satisfactoria que otras corrientes espirituales, cuestión que también ha señalado Rojo (Grínor)[279].

Los relatos de sueños en Gabriela Mistral parecen poder explicarse también en el contexto de una tendencia neoespiritualista que coincide en algunos de sus términos con la corriente del "espiritualismo de vanguardia" a la que se refiere Bernardo Subercaseaux para la década del centenario y que él vincula al "feminismo aristocrático"[280]. Sin embargo, se explican mejor en una tendencia.

Que abarca al menos hasta los años treinta del siglo XX, puesto que está vinculada a la vanguardia histórica y al ocultismo, pero es de toda evidencia que a Mistral no puede vinculársele ni al feminismo ni mucho menos a la aristocracia (y en estricto sentido, tampoco a la vanguardia)[281].

Para Bernardo Subercaseaux, el núcleo básico de la cosmovisión poética mistraliana, centrada en la experiencia del amor como revelación trascendente, es la dicotomía de alma y cuerpo, aquella en que los atributos del cuerpo, movidos por el instinto, representan lo que es imperfecto, contingente. Y los del alma: lo ilimitado, perfecto y trascendente.

Una dicotomía en que el cuerpo es la parte condenada al esplendor efímero; y el alma lo que podría unir a los hombres en una comunidad espiritual superior. La plenitud humana, sin embargo, sólo se lograría integrando estos dos reductos del ser. La necesidad e imposibilidad de esta unión se traducen en una permanente tensión ético-religiosa. En este

---

[279] Ibíd. 157p.
[280] Ibíd., 163-164p.
[281] Ibíd., 164p.

sentido, con excepción de "la madre", los personajes líricos de Gabriela padecen la conciencia trágica de vivir por una parte impulsados hacia la búsqueda de lo absoluto, y por otra, atados al orden relativo de lo contingente. Esta conciencia trágica de la existencia, que concibe al hombre como un ser disociado, se resuelve en la visión de la vida como *expiación dolorosa*[282].

3.2. Intercambio epistolar con Zacarías Gómez

> Nosotros tenemos una amistad per vita
> (por toda la vida) sí, y también después de ella.
> Gabriela Mistral a Zacarías Gómez (1954).

Un interesante tema es el intercambio epistolar que tuvo durante muchos años de su vida Gabriela Mistral con su amigo, que también fue teósofo, Zacarías Gómez[283] y que nos permite afirmar que en ella siempre estuvo presente la lectura de textos teosóficos, rosacruces y cristianos esotéricos.

Singular valor posee su reflexión sobre la acción política y sus personeros en su patria como su relación respecto a la literatura orientalista. En este pasaje de su vida, a veces tan incomprendido, surge la personalidad de un viejo amigo de sus años de magisterio chileno que guardó celosamente su lealtad con ella y además fue el ejecutor de sus contactos con las editoriales y publicaciones nacionales y el intermedio entre Gabriela y su hermana: don Zacarías Gómez[284].

---

[282] Subercaseaux, Bernardo. Espiritualismo y canciones de cuna. http://www.letras.mysite.com/art2mistral.htm

[283] Al respecto el académico Grínor Rojo sostiene que: "Me basta con recordarles a ustedes ahora que de otro modo no se explica que Gabriela Mistral sea una católica devota durante toda o casi toda su vida y que al mismo tiempo retenga contra viento y marea la herejía de su proclividad esotérica, como puede comprobarse en sus prácticas espiritistas posteriores a la muerte de Yin o en su carteo de los años cincuenta con don Zacarías Gómez, el dueño de la Librería Orientalista de Santiago, y que era quien a esas alturas la proveía con los libros de la hermandad Rosacruz. Rojo, Grínor (2007). Retorno mistraliano, Estudios Públicos, *N*° 108, primavera, 261p.

[284] González Pizarro, José (1989). La otra Gabriela Mistral. Cultura, ideología e intimidad en la correspondencia con Zacarías Gómez, Anales de Literatura Hispanoamericana,

El conjunto de cartas y notas dirigidas por Gabriela Mistral a Zacarías Gómez se concentra cronológicamente en la década de 1940. La mayoría de las epístolas están escritas del propio puño de la poetisa. Naturalmente recibió Zacarías Gómez un buen número de comunicaciones a nombre de la poetisa pero redactadas por sus secretarias. Encontramos asimismo las contestaciones de Zacarías Gómez a la propia Gabriela y/o a sus cercanas amigas que oficiaban de secretarias[285].

Recordemos que Zacarías Gómez Delgado nació en Ocenilla, Provincia de Soria, España, en 1875. Siendo adolescente llega a Chile a casa de unos parientes que tenía en Chillán. Se casó en 1907 con la joven de origen alemán Carolina Marzheimer. Posteriormente residió en Antofagasta, donde Gómez se establece en el comercio con "La Tienda Inglesa" primero y "La Colmena", después.

> Es la época en que la intensa inquietud espiritual de don Zacarías lo induce a actividades culturales varias, como la creación de la Revista *El Fénix Español*, en unión del periodista y escritor español Andrés Galera y Romero. Tiempo antes, en 1909, lidera la fundación del Centro Español que reúne a los integrantes de la colonia española, siendo elegido como su primer Presidente, con motivo del Centenario de la Independencia de Chile recibe el encargo de elegir y hacer llegar a Antofagasta un monumento simbólico de la unión del pueblo chileno con el español, monumento que hoy se alza airoso en la Plaza Colón[286].

Zacarías Gómez fomentó el desarrollo cultural de Antofagasta. Conoció a Gabriela Mistral, estableciendo una amistad que ha de durar por siempre, convirtiéndose en corresponsal y administrador de ella en Chile, especialmente para cumplir con el deseo de la poetisa de que su hermana Emelina, recibiera la debida atención en su vejez.

Vol. 18, 108p. https://revistas.ucm.es/index.php/ALHI/article/viewFile/ALHI8989110107A/23827

[285] Ibíd.

[286] Sin autor (2002). Don Zacarías Gómez, un español que hizo camino en Antofagasta, crónicas y palabras en torno a una ceremonia, Antofagasta, sin editorial, 3p.

Gerardo Claps Galle señala que Mario Bahamonde[287] escribió un certero ensayo sobre el episodio antofagastino de Gabriela Mistral, cuyo título es una síntesis acertadísima de su contenido: *Gabriela Mistral en Antofagasta. Años de forja y valentía.*

> En medio de este desolador panorama, surgió para la poetisa un remanso de comprensión y simpatía: la amistad de Zacarías Gómez, transformado para toda la vida en su confidente y paño de lágrimas, en el hombre en quien depositaba sus secretos y sus bienes, Don Zacarías fue uno de los primeros que comprendió el tormento y el talento de esa maravillosa mujer. Supo animarla, impulsarla y guardar sus confidencias con la mayor discreción.

> Gabriela no sólo conversó largamente con esta enjuto español, barbudo y dueño de un hablar fluido y suave como una caricia; también sostuvo con él una larga y nutrida correspondencia epistolar[288].

Uno de los cambios más importante en la vida de Zacarías Gómez se da cuando conoce las enseñanzas de Khrisnamurti, maestro espiritual de la India:

> Sus enseñanzas se hacen carne en él, se retira de los negocios, se convierte en vegetariano y naturista e inicia una intensa búsqueda por los caminos del espíritu y de la vida trascendente. Trasladado a La Serena, traba amistad con don Demetrio Salas, otro iluminado. Se adentra en diversas disciplinas de perfeccionamiento, Teosofía y religiones orientales, todo esto sin perder su independencia de pensamiento y libertad de convicciones. Compra en Santiago la Librería Orientalista, guía de quien sintiera la inquietud de la trascendencia y se interrogara por el sentido de la existencia. La puerta de esa librería, así como la de su corazón, estaba siempre abierta al necesitado de ayuda material o

---

[287] Bahamondes, Mario (1980). Gabriela Mistral en Antofagasta, años de forja y valentía, Santiago, Editorial Nacimiento, 20-21p.

[288] Sin autor (2002). Don Zacarías Gómez, un español, Claps Gallo, Gerardo. Amistad con Gabriela Mistral, *op. cit.*, 6p.

espiritual y los dones de su alma e inteligencia se repartieron a manos llenas a quien tocara esa puerta[289].

Las misivas de Gabriela se caracterizan cuando fueron manuscritas por una caligrafía difícil que ha hecho más trabajosa su lectura, sumada a la omisión frecuente de fechas y lugares[290].

Además de las gestiones personales que Zacarías Gómez le realizaba a la poetisa, lo que demuestra la confianza que se tenían, existió un importante intercambio de vivencias espirituales.

A continuación, se mostrarán algunos de estos intercambios que nos permite sostener que Gabriela Mistral mantuvo la tensión religiosa entre catolicismo y Teosofía, o más bien un cristianismo teosófico siempre con la creencia en que exististe la Ley de la Reencarnación.

En la información dejada por la poetisa, en sus escritos y poemas queda claro que tempranamente leyó detenidamente la *Biblia*[291] y luego se relacionó con la Teosofía. Mis "maestros en el arte para regir la vida: la *Biblia*, el Dante, Tagore y los rusos" señaló[292]. En una Biblia católica estampó en 1919 lo siguiente: "Tu desnudez asusta a los hipócritas y tu pureza es odiosa a los libertinos, y yo te amo todo, desde el nardo de la parábola hasta el adjetivo crudo de los números"[293].

Aquellas vivencias espirituales bien concretas en su peregrinar mundano quedan registradas en su producción literaria. *El Decálogo del artista* de su libro *Desolación*, sintetiza magistralmente la convergencia de su espiritualidad y la creación intelectual. La poetisa tanto en sus versos como

---

[289] Ibíd. 3p.

[290] González Pizarro, José (1989). La otra Gabriela Mistral. Cultura, *op. cit.*, 108p.

[291] Gabriela gustará decir que tuvo Biblia desde los 16 años y una abuela suya "me leía los Salmos de David... Tengo a mi padre David, por el primer poeta del mundo". Carta de Gabriela Mistral a Francisco Dussuel S.J (Nápoles, 1 de octubre de 1952). Véase Dussuel S.J., Francisco (1957). Gabriela Mistral (1889-1957), Mensaje, marzo-abril, vol. VI, 53p. y González Pizarro, José (1989). La otra Gabriela Mistral. Cultura, *op. cit.*, 117p.

[292] Figueroa, Virgilio (1933). La divina Gabriela, Santiago, Imprenta El esfuerzo, 156p.

[293] Pinilla, Norberto (1946). La biografía de Gabriela Mistral, Santiago, Editorial Tegualda, 66p.

en su prosa asume una actitud espiritual, cristiana, "pero no según la iglesia, sino según Cristo; su misticismo es, si puede decirse así, la poesía del dolor" sentenciará Max Daireaux en 1929[294]. Y en efecto: Gabriela fustigó la poca fraternidad entre católicos y protestantes, el "sansulpicianismo" en el arte cristiano (el envilecimiento de los materiales religiosos). Su disconformidad con la obediencia. "Soy católica, pero sin odios ni mezquindades" declara en 1924[295].

En una carta datada en 1954, escrita a máquina, la poetisa le dice a su amigo: "Téngame allá toda la lectura que yo pueda traer de regreso. Aquí hay solo esos *libros nuestros...* en inglés.

Leo en este momento algo nuevo que no sé de dónde viene, *El Centinela. Esto le dirá a Ud. que no abandono lo nuestro* (cursivas mías)"[296]. En otra parte, anunciaba su visita a Chile. En la misiva dice "La compañera que llevaré es una *rosacruz* muy amante de nuestras ideas".

> Con esto confirmaba a su buen amigo que las lecturas de antaño, cuya iniciación se remontaba a 1919 en una ciudad provinciana y de sabor colonial de Chile. Seguían avivando el espíritu suyo, en una metrópoli norteamericana. Símbolo de la vida moderna: Nueva York[297].

En estos textos se comprueba que Zacarías Gómez fue su mejor confidente en estas temáticas espirituales. Le entregó, además, los títulos más significativos de la Teosofía, de los rosacruces y probablemente de Gerard Encausse (Papus)[298], fundador del Martinismo. Y a

---

[294] Daireaux, Max (1929). *Panorame de la Literature Hispanoaméricaine,* París. Cita completa en Figueroa, Virgilio (1933). La divina Gabriela, Santiago, Imprenta El esfuerzo, 297p.
Carlos Clavería, en un breve estudio totalmente desconocido

[295] González Pizarro, José (1989). La otra Gabriela Mistral. Cultura, *op. cit.,* 117-118pp.

[296] Ibíd. 118p.

[297] Ibíd.

[298] Gérard Anaclet Vincent Encausse, el médico que fue conocido en los medios ocultistas con el seudónimo de Papus, nació el día 13 de julio de 1865 en la Coruña, España. Papus dice haber sido iniciado por Henri Delaage en 1882 en la Sociedad de los Filósofos Desconocidos, Orden que habría sido fundada en el siglo XVIII por Louis-Claude de Saint-Martin. Papus se hizo miembro en octubre

él exclusivamente Gabriela acudió cuando se trató de catálogos de libros o últimas novedades.

En los inicios de la Segunda Guerra Mundial le escribe, probablemente desde Niza:

> No tengo listas nuevas de libros orientalistas de su librería. Y aunque aquí se encuentra algo no basta. Necesito que me diga lo que le debo de otras y voy a pedirle lo nuevo que tenga ahora. Quisiera en Europa un interés mucho mayor por la mística, por la vida interior. Mucho necesita un cura, de salvación este Viejo Mundo ahora rojo de sangre hacia el Oriente. Las noticias de hoy –de la batalla– son de crispar. Rece Ud. por esos pobrecillos amigo mío. Su oración vale mucho"[299].

Más tarde en Brasil, después de la muerte de *Yin Yin*[300], le dice:

> Creo que vuestra vida espiritual no anda distante. Voy a mandar a Ud. una preciosa 'Oración de salud' por ensayar". El 16 de agosto de 1944 escribe: "Le ruego mandarme lista de las obras orientales de su librería". El asesinato de

de 1887 de la rama francesa de la Sociedad Teosófica, en la Logia Isis, fundada en París en julio de 1887 bajo la iniciativa de los señores Dramard y Gaboriau. Colaboró en la revista teosófica *El Lotus Rojo*, dirigida por F.K. Gaboriau. Esta revista es "una revista de altos estudios teosóficos tendiente a favorecer la aproximación entre Oriente y Occidente bajo la inspiración de H. P. Blavatsky. Papus fue cofundador de la Logia Hermes de la Sociedad Teosófica en octubre de 1888. Renunció a la misma mediante una carta de fecha 19 de mayo de 1890 dirigida al Presidente de esa Logia. El hijo de Papus dice que su renuncia se debió a que Papus consideraba que los Mahatmas de Blavatsky no eran los únicos depositarios de la Ciencia Sagrada. Que él creía en la existencia de una tradición conservada en los templos del antiguo Egipto, y que se había perpetuado hasta llegar a nosotros. Véase http://eruizf.com/martinismo/papus/gerard_encausse_papus.html

[299] Carta de Gabriela Mistral a Zacarías Gómez, 6 de octubre de 1939. González Pizarro, José (1989). La otra Gabriela Mistral. Cultura, *op. cit.*, 119p.

[300] Los orígenes y vínculos de *Yin Yin* con Gabriela Mistral por años fueron objeto de múltiples hipótesis, las que fueron aclaradas definitivamente el año 2007 a partir de documentos notariales. Juan Miguel nació en Barcelona el 1 de abril del año 1925. Sus padres fueron la española Marta Mendoza y Carlos Miguel Godoy Vallejos, medio hermano de la poetisa. Tras la repentina muerte de la madre, el hermanastro de Gabriela Mistral decidió entregárselo, comprometiéndose a no reclamarlo jamás. Desde ese momento *Yin Yin* acompañó a la poetisa en todos sus viajes. *Yin Yin* creció junto a la poetisa, considerándola como su madre. Véase http://www.memoriachilena.cl/602/w3-article-94083.html

Gandhi conmocionó a Gabriela, estimándolo como una desgracia no sólo de la India sino del mundo, que "se cierra como una noche"[301].

Las respuestas del teósofo Zacarías Gómez constituyen una mezcla de aliento a las inquietudes de la poetisa, una reafirmación de la confianza en Cristo –"sintiendo nacer una vez más al Cristo en su corazón"– y asignándole a ella un papel importante de orientación espiritual. En junio de 1946 le asevera:

> Para mí es Ud. una verdadera santa laica, que actúa en la humana vida terrenal, como mensajera de la alta Jerarquía que debe reinar en el Reino Eterno; para mí nunca dejará Ud. de ser un alma Grande, de sentimientos unitarios y universales, que trabaja, lucha, se esfuerza y se gasta en llevar luz al pensamiento y amor al corazón de los hombres. Entre mi clientela hay muchas personas que la esperan con ansiedad, imaginándose que ellas creen que, su proximidad, su compañía, su relación con ella, pueden hacer el milagro de transformar su naturaleza, su manera de pensar. Su natural instinto de vivir, sin considerar que cada uno debe ser su propio guía, su propio redentor, su único Salvador, mediante el ejercicio de la voluntad y del propio esfuerzo[302]

La Librería Orientalista acogió asimismo la propaganda de las sectas espiritualistas que en Estados Unidos tenían su sede, como la revista *El Sembrador* cuyo centro estaba en Missouri[303]. Zacarías Gómez en

---

[301] Carta dc Gabriela Mistral a Zacarías Gómez, 2 de febrero de 1948. Desde Santa Bárbara. California. Al final de la misiva agregaba: "Estoy sin libros orientales". En otra epístola. desde California, sin fechar, leemos: "Me llegaron de Francia, después de 18 meses libros importantes de orientalismo. Pero todos en lengua francesa. Ya los traducirán en Buenos Aires". González Pizarro, José (1989). La otra Gabriela Mistral. Cultura, *op. cit.*, 119p.

[302] Carta de Zacarías Gómez a Gabriela Mistral, Santiago, 26 de junio de 1946. En diciembre de 1944 le había escrito: «Que tenga un año próspero y feliz, para que pueda brindar mucha luz y mucho espíritu de convivencia fraternal a la humanidad que sufre, a los pueblos "confiados y alegres de América Hispana". Carta de Z.G. a G.M., Santiago. 21 de diciembre de 1944. González Pizarro, José (1989). La otra Gabriela Mistral. Cultura, *op. cit.*, 119p.

[303] Esta revista podría pertenecer al movimiento pentecostalista.

determinadas ocasiones acudió a su amiga o las secretarias de ella para la cancelación de las suscripciones de esas publicaciones[304].

En 1949, Zacarías Gómez remitió a Gabriela:

> *Filosofía Oculta, Rasgando Velos, Filosofía Rosacruz, Ensayo sobre Biología Humana, Enseñanzas de un Iniciado, Principios ocultos de la salud y curación.* Al año siguiente la lista aumenta con: dos revistas S*ophia,* una revista *El Servidor* y ejemplares de *El médico del Alma, La Sabiduría Oculta. Meditaciones Religiosa, Las Llaves del Reino Eterno, La Fuerza de la no-Violencia* y *Selecciones de Vivekenanda.* Gabriela Mistral posiblemente leyó *La Doctrina Secreta,* de H. P. Blavastsky, como puede desprenderse de una carta de D. Zacarías, de octubre de 1951[305].

Zacarías Gómez falleció en 1961, "cultivando siempre la disciplina naturista del cuerpo –'templo del alma'–, como solía decir, y en paz con la vida y el Ser Supremo"[306].

---

[304] En carta a Zacarías Gómez a Consuelo Saleva (Santiago, 26 de junio de 1948) le solicita pagar, en su nombre, algunos dólares para la revista *El Sembrador*: "Agréguele Ud. –dice su carta– que, si junto con la revista me manda algunos folletitos para propaganda, doblemente agradecido". Y más adelante: "Ud.. por su parte, dígame qué clase de libros o revistas le pueden interesar, para mandarle inmediatamente los que me pida... Le mando por correo ordinario una revista *Kier.* en la que salen los títulos de muchos libros que yo tengo en venta. Posiblemente que más de alguno le interese. También pueden interesarle a Gabrie**la.** A Gabriela le escribiré pronto". La contestación de Gabriela es elocuente: "Con el mayor gusto hemos mandado esos dólares a Missouri. Ud. disponga de mí para esas cosas basta 10\$. La otra vez cuando había que mandar fondos por unos libros, B. C., su amiga no tenía en caja sino el gasto diario". Carta de G. M. a Z. G., 8 de julio de 1948. Ibíd. 120p.

[305] Ibíd.

[306] Sin autor (2002). Don Zacarías Gómez, un español que hizo camino, *op. cit.,* 3p.

Capítulo 4: El pensamiento social en Gabriela Mistral

> La enseñanza de los niños es tal vez la forma
> más alta de buscar a Dios; pero es también
> la más terrible en el sentido de tremenda
> responsabilidad. Gabriela Mistral

El año 1922 marca un paso clave en su carrera de educadora: está invitada a México para participar en la Reforma Educacional iniciada por Vasconcelos y en la fundación y organización de bibliotecas populares; y, por otra parte, el Consejo de Instrucción Primaria, a propuesta del Rector de la Universidad de Chile, Gregorio Amunátegui, le concede el título de Profesora de Castellano.

> "Más convencido que nunca que lo mejor de Chile está ahora en México". Así, en la brevedad de un escueto telegrama, el secretario de Educación, José Vasconcelos, informó a su gobierno acerca de su visita a Chile, en noviembre de 1922. Era su reacción al comentario de Arturo Alessandri, presidente de la República, quien cuestionó la invitación que le hiciera a Gabriela Mistral para que colaborara con el proyecto educativo que había ideado para el gobierno de Álvaro Obregón. Había, según el mandatario, otras chilenas más inteligentes, dignas de ser invitadas a semejante labor[307].

Posteriormente, Gabriela empieza entonces a viajar a Europa y Estados Unidos y visita varios países latinoamericanos. Dicta una Cátedra de Literatura Hispanoamericana en la Universidad de Puerto Rico y dicta conferencias en La Habana y Panamá. En 1932, empieza su carrera consular que la llevará a Génova, Madrid, Lisboa, Guatemala, Niteroi

---

[307] Moraga, Favio (2014). Lo mejor de chile está ahora en México", ideas políticas y labor pedagógica de Gabriela Mistral en México (1922-1924), Historia Mexicana, Vol. 63, N° 3, 1182p.

en Brasil, Los Ángeles, Santa Bárbara, Veracruz, Nápoles y Nueva York. Mientras tanto publica *Tala*, dedicando la primera sección a su madre Petronila fallecida en 1929. Destina además el producto de la edición del libro a las instituciones catalanas que albergaron a los niños españoles durante la Guerra Civil Española[308].

4.1. Su aporte a la educación en México

> El viaje a México me ha corregido algunos
> errores y me ha convencido de muchas verdades
> Pobrecita yo al tener un poco de vista a la
> distancia, como dicen los teósofos México es
> una cosa desconcertante el pueblo más artista
> que uno pueda imaginar. Gabriela Mistral[309].

Al momento de gestarse la invitación para participar en la cruzada educacional de José Vasconcelos, Gabriela es todavía una figura que en plano nacional, se ha dado a conocer más bien por la polémica en torno a sus méritos para ocupar cargos directivos escolares, que por realizaciones pedagógicas o literarias.

> Su primer libro Desolación, aún está por aparecer en Nueva York (1922). No obstante su incansable pluma ya le ha forjado una plataforma que llega hasta lejanos ámbitos del continente (en particular a Argentina) y a la lejanía de Nueva York y México. No sabemos a ciencia cierta cuál fue el contacto que la ligó a Vasconcelos. Pero, consta que cuando el prominente político mexicano hace su viaje a América Latina en agosto de 1922 (Brasil, Argentina y Chile) ya tiene en mente la invitación para nuestra compatriota[310].

Álvaro Valenzuela sostiene que existe una carta de Gabriela Mistral dirigida a José Vasconcelos con fecha de agosto de 1921, en la que se reconoce haber una carta anterior de Gabriela que se desconoce.

---

[308] Moulin, Sylvie. Gabriela Mistral en busca de sí misma, *op. cit.*

[309] Quezada, Jaime (2002). Bendita mi lengua sea. Diario íntimo de Gabriela Mistral, *op. cit.*, 88p.

[310] Valenzuela Fuenzalida, Álvaro (2002). Gabriela Mistral y la reforma educacional de José Vasconcelos, *op. cit.*, 14p.

Vasconcelos es uno de los hombres más singulares que haya producido esta América hispana y mestiza. Pocos como él juntaron la capacidad de sueño y utopía, con la profundidad filosófica y el cerrado compromiso político. Con las mismas palabras de Gabriela, en *Primeras luchas de Vasconcelos* (julio, 1936), recordamos que nació en Oaxaca, tierra también de Benito Juárez y de Porfirio Díaz.

De modo que: añadir al triángulo oaxaqueño un breve complemento y se tiene la historia moderna de México. ¿Qué imagen tiene a mano Gabriela para llegar al mexicano? Pues, nada menos que uno de sus modelos de hombre pedagogo y político: Domingo Faustino Sarmiento[311].

Sarmiento personifica lo siguiente: "autodidactismo, fuerza fogosa de creación y capacidad de ordenación en frío; odio de la barbarie y combate cerrado con ella, y, ganado el combate, la despedida de la violencia y una cordialidad ciudadana para edificar lo nuevo con todas las voluntades..." [312]

Gabriela Mistral junto a Vasconcelos, de esta época, y otros intelectuales teósofos:

Reivindicaban lo precolombino, el pasado maya y azteca, la poesía zapoteca; pero también exaltaban al indio actual, los valores de su silencio, el sentido profundo de su recogimiento. Debía traducirse en redescubrimiento de su sensibilidad creadora expresada en la artesanía, el sentido teatral, la música y las danzas[313].

Vasconcelos había dejado su catolicismo activo y andaba en la aventura teosófica que también fue la de Gabriela. Llega el año 1920 y con él la hora de este hombre.

Asume la presidencia Adolfo de la Huerta y nombra a Vasconcelos rector de la Universidad Nacional en junio de

---

[311] Ibíd.

[312] Calderón, Alfonso (1970). Croquis Mexicanos, Santiago, Editorial Nascimento, 153p.

[313] Figueroa, Lorena; Silva, Keiko y Vargas, Patricia. Tierra, indio, mujer, *op. cit.*

1920. Luego al asumir Álvaro Obregón, se encarga de fundar la Secretaría de Educación y desde allí inicia un periodo de innovaciones pedagógicas nunca visto en la América morena. Mejor que ninguno el calificativo de cruzada calzará plenamente con el talante y realizaciones del ministro de educación. En este momento de intensa actividad pedagógica que poco o nada tiene que ver con los movimientos que encabezan Dewey en Estados Unidos y otros en el continente europeo, llega nuestra compatriota.

México vive un momento de verdadera euforia, al punto que Sánchez Latorre, el intelectual peruano, dice: Entre 1921 y 1925, México será el emporio pedagógico de América[314].

La poetisa chilena, para cumplir con su compromiso, debía conocer lo que sucedía en México; luego, con base en su experiencia, aportaría sugerencias útiles para el mejoramiento del sistema educativo mexicano que tanto preocupaba a Vasconcelos.

Vasconcelos reconocía a Gabriela como una importante poetisa y como una buena maestra, acostumbrada al trabajo en el campo y por ello sus experiencias serían útiles, principalmente para el funcionamiento de la escuela rural mexicana que fue uno de los mejores logros de la SEP (Secretaría de Educación Pública) cuando estuvo bajo la dirección de Vasconcelos[315].

La poetisa chilena visitó buena parte de México y estuvo específicamente en diversas escuelas rurales, que en su mayoría eran pobres e improvisadas.

Conoció a los maestros, pobres e improvisados también. Habló con campesinos igualmente pobres, pero fundamentalmente le preocupó la condición de las mujeres campesinas. A este tipo de mujeres y a otras en condiciones

---

[314] Valenzuela Fuenzalida, Álvaro (2002). Gabriela Mistral y la reforma educacional de José Vasconcelos, *op. cit.*, 14p.

[315] Montes de Oca, Elvira (2000). Lecturas para mujeres en el México de los años veinte, Sociológica, año 15, N° 44, septiembre-diciembre, 186p.

difíciles de vida –como eran las mujeres pobres de las ciudades–, dedicó su texto *Lecturas para mujeres*[316].

Lecturas para mujeres es una compilación de fragmentos de libros escritos por autores diversos que recopiló Gabriela Mistral durante los meses que estuvo en México. "Dicha compilación se publicó en esos mismos años con el título de *Lecturas para mujeres*. "Las líneas que se presentan a continuación se dedican a analizar algunos de estos textos, especialmente los que abordan el ideal femenino de entonces"[317].

Gabriela Mistral, igualmente, se integra a las misiones rurales, implementadas por el gobierno mexicano para adentrarse en los sectores más abandonadas de la república.

> Las integran, por equipo: Un director, una enfermera, tres maestros primarios, cuatro carpinteros, algunos albañiles, un agrónomo, una modista, una profesora de economía doméstica y el especialista de una pequeña industria. El objetivo es el indígena, el ser más abandonado a su suerte. La labor se extiende por dos meses. Primero, enseñan a los indios a construir sus casas con procedimientos modernos y en seguida el cultivo de los suelos. Conviven durante ese periodo con las familias indígenas, a quienes instruyen sobre comidas españolas, medicinas casera y les enseñan a leer en breve plazo. Cuando se internan en la sierra, los acompañan ingenieros para delinear vías y dirigentes agrarios, quienes explican la política educacional y agrícola del ente gubernamental. Todo se configura en la participación comunitaria: vialidad, escuelas, huertos, talleres artesanales. Instalación de bibliotecas y talleres de lectura comentada, en los cuales participa activamente la Mistral. Todo este quehacer magnífico hace exclamar a la educadora y creadora poética continental: "Mi México. El único que está en mi corazón"[318].

---

[316] Ibíd., 187p.

[317] Ibíd., 181p.

[318] Villegas, Reinaldo (2004). Gabriela Mistral en la Revolución educativa mexicana, Odiseo, revista electrónica de pedagogía, año 2, N° 3, 1° de octubre. http://www.

Elvira Montes de Oca sostiene que para Gabriela Mistral la mujer, ya fuera profesionista, obrera, campesina o simplemente "mujer", debía su razón de ser a la maternidad, maternidad biológica como en el caso de las madres, o espiritual como en el de muchas maestras, pero finalmente maternidad.

> Si bien la poetisa reconoció que la participación de la mujer en el ejercicio de las profesiones y los trabajos remunerados era cada vez más amplia, también sostuvo que esto traía consigo un desapego progresivo de la mujer con respecto a su hogar, y con ello una lenta pérdida del sentido de la maternidad, con todos los riesgos y peligros que esto conllevaba[319].

Gabriela Mistral afirmaba que las lecturas dedicadas a la mujer debían ayudarla a su mejoramiento intelectual a través de textos serios, ejemplares, con profundo valor humano. Sólo lo superior educa, no lo inferior.

> El mismo Vasconcelos sostenía que la cultura no debía "bajar al pueblo", (en el sentido de calidad) para poder llegar a los sectores más necesitados, sino subir esos sectores a los niveles de las mejores y más valiosas expresiones culturales como lo era la buena literatura. Seguramente lo mismo pensó Gabriela Mistral al seleccionar los textos incluidos en *Lecturas para mujeres*[320].

Elvira Montes de Oca señala que la poetisa chilena pensaba que la mujer, "tiene capacidad para analizar los grandes y profundos temas humanos, no sólo para solazarse con la "literatura galante" y superficial, o para memorizar y cantar canciones de cuna. A través de la lectura, la mujer puede adentrarse en temas tales como el trabajo, la naturaleza, la justicia social"[321].

---

odiseo.com.mx/2004/07/01villegas_mistral.htm

[319] Ibíd., 187p.

[320] Ibíd.

[321] Ibíd.

Más de cien autores de diversas nacionalidades, épocas, géneros y estilos literarios, fueron incluidos en *Lecturas para mujeres*.

> Gabriela seleccionó textos de filósofos como Kierkegaard y Pascal, incluso hasta el mismo Vasconcelos y Antonio Caso, reconocidos por algunos como primeros filósofos mexicanos, y escritores tan distintos en sus estilos y temas como León Tolstoi y Rabindranath Tagore. Incluyó fragmentos de textos escritos por varios autores latinoamericanos como los mexicanos Enrique González Martínez y Alfonso Reyes, peruanos como José Santos Chocano y José Gálvez, cubanos como José Martí y Juana Borrero, uruguayos como José Enrique Rodó y Constancio C. Vigil, colombianos como José Asunción Silva y Guillermo Valencia, ecuatorianos como Juan Montalvo, guatemaltecos como Domingo Estrada, nicaragüenses como Rubén Darío, argentinos como Leopoldo Lugones y Arturo Capdevila, chilenos como Pablo Neruda y Eduardo Barrios[322].

De hecho, el académico Sáinz de Medrano señala que "el masón Rubén Darío le ayudó a Gabriela Mistral a publicar el cuento titulado "La defensa de la belleza" y el poema "El ángel guardián" en la revista Elegancias, publicación ésta de la ciudad de París, Francia, dedicada a la mujer, también editada por el vate como director literario"[323].

Como hemos visto en páginas anteriores muchos de los destacados autores seleccionados por la poetisa chilena compartían con ella su creencia en las ideas teosóficas.

Gabriela Mistral se contagió del entusiasmo por hacer un México mejor privilegiando una educación de calidad. Este entusiasmo se mantuvo muy adentro en el camino de su vida. Es por esto que seguirá escribiendo sobre el modo como el pueblo y la naturaleza de México la acogieron y sobre cómo tal vez por primera vez en su vida se sintió plena, viva y muy segura de sí.

---

[322] Ibíd., 188p.

[323] Barboza, Eliseo (2012). Apuntes para una historia. Luz y Esperanza, *op. cit.*, 274p.

El académico Luis Vargas Saavedra rescató parte importante de inéditas misivas entre la poetisa chilena y Palma Guillén[324]. Ella, había sido designada por Vasconcelos como acompañante y secretaria de Gabriela Mistral desde los primeros días en México[325].

En 1924, el ministro de Educación, José Vasconcelos gestionó un viaje a Europa para la poetisa, acompañada por su secretaria Palma Guillen.

> Su misión era conocer centros de educación experimental y entrevistar escritores. Durante su paso por Italia, acudieron a Asís, donde a instancias de la secretaria la educadora chilena se integró a la Orden Terciaria. En una carta dirigida a Gonzalo Zaldumbide la poetisa da algunas luces de la incidencia que Guillen tuvo en ello: "Un día se dio cuenta y emprendió la tarea de convertirme: 'Me da una pena inmensa que tu andes entre supersticiones asiáticas'. Me discutió mucho, y me puso el budismo en irrisión, por donde me lo rompió mejor; y en nuestro primer viaje a Europa me hizo hermana tercera de San Francisco"[326].

4.2. Su aporte a la lucha por los derechos de la mujer en Guatemala

> Me pasé la noche, traguito por traguitos
> pequeños, explicándome la magia ocultista de
> Copán, ¿Si estuviera Asturias (Miguel Ángel)
> conmigo oyéndole leer el Popol-Vuh?
> Gabriela Mistral[327].

En la década de 1920, en Guatemala un grupo de hombres y mujeres, en su mayor parte pertenecientes a las élites intelectuales de

---

[324] Véase libro Zegers, Pedro Pablo (2011). Hijita querida. Cartas de Palma Guillén a Gabriela Mistral, Santiago, Pehuén.

[325] Valenzuela Fuenzalida, Álvaro (2002). Gabriela Mistral y la reforma educacional, op. cit., 15p.

[326] Nuestro (2008). Gabriela Mistral y la tercera Orden Franciscana. La poetisa y el santo poeta. http://www.nuestro.cl/notas/rescate/gabriela_mistral_francisco_de_asis3.htm

[327] Quezada, Jaime (2002). Bendita mi lengua sea. Diario íntimo de Gabriela Mistral, op. cit., 171p.

la capital, llevaron a cabo un movimiento social y cultural de transformaciones profundas de la sociedad, formando una extensa red social, y aglutinándose en torno a una serie de revistas y periódicos de la época, contribuyendo a la consolidación de espacios públicos modernos. "La lucha por la adquisición de los derechos de ciudadanía, la regeneración moral de la sociedad y el carácter de la nación aparecen como los términos centrales del debate"[328].

Las revistas y periódicos de la época, como *Studium, Vida, Tiempos Nuevos, Nosotras, El Diario de Centroamérica, Nuestro Diario*[329], pretendían la constitución de nuevos espacios públicos, buscan nuevas fórmulas de sociabilidad y se articulan en nuevas redes sociales, vinculadas con las corrientes del modernismo, del regeneracionismo hispano y de la Teosofía.

> La "Generación del 20", como la denominaron los mismos actores del grupo, se halla enmarcada desde sus orígenes por las dos dictaduras de principios del siglo XX: la de Manuel Estrada Cabrera y la de Jorge Ubico Castañeda.

---

[328] Casaús Arzú, Marta (2001). Las redes teosóficas de mujeres en Guatemala, op.cit., 220p.

[329] Vinculados movimiento unionista y regeneracionista. El movimiento unionista nace en vísperas del centenario de la independencia, los gobiernos de El Salvador, Honduras y Guatemala firmaron un pacto de unión que desembocó en un histórico encuentro realizado en Tegucigalpa entre julio y septiembre de 1921. Los delegados de dichas naciones conformaron el Consejo Federal Provisional Centroamericano, cuerpo legislativo que discutió y ratificó un proyecto de Constitución para la Federación. Con la unión se intentaba redefinir la identidad política de los centroamericanos, combatir las tiranías y defender su soberanía frente a los poderes extranjeros que intervenían en los asuntos regionales. Entre los temas que abordó el Consejo surgió el de la ciudadanía y los deberes del ciudadano. Dado que las mujeres representaban un importante núcleo entre los clubes unionistas, el sufragio femenino y los beneficios o desventajas que traería para la causa unionista fue parte de dicha discusión. Véase http://connuestraamerica.blogspot.cl/2009/01/el-unionismo-centroamericano-y-el.html. Por otro lado, el regeneracionismo fue un movimiento ideológico que tuvo lugar en España a fines del siglo XIX y principios del XX, como consecuencia de la pérdida de las colonias en 1898, y cuyo fin era la regeneración total del país mediante la reforma de las estructuras sociales, políticas y económicas. Los postulados regeneracionistas planteaban dos temas muy controvertidos en ese momento: la lucha por la incorporación a la ciudadanía de las mujeres y de los indígenas. Ambos afloran como problemas que han de resolverse, pero se van a tratar desde ópticas sustancialmente distintas. Joaquín Costa, político aragonés, fue uno de los principales promotores del movimiento intelectual "regeneracionista" Véase http://elpais.com/elpais/2014/01/16/opinion/1389901907_162348.html

> Estaba especialmente influida por la personalidad y la figura de Estrada Cabrera, "el autócrata", contra el que se opuso toda esta generación, con la pluma, las huelgas, manifestaciones o los sermones. Podemos afirmar que el punto de unión y despegue de esta generación fue la lucha contra la tiranía, la regeneración moral de la sociedad y el derrocamiento del dictador.

El personaje de Estrada Cabrera inspiró a muchos autores de esta generación a escribir; fueron novelas y ensayos como *El Señor Presidente* de Miguel Ángel Asturias; *Ecce Pericles* de Rafael Arévalo Martínez o *El Autócrata* de Carlos Wyld Ospina[330]; en todos ellos se refleja la crueldad y compleja personalidad del dictador.

Lo interesante de esta Generación es que se constituye en una auténtica red social cuyos miembros mantienen fuertes vínculos de carácter académico, profesional, político y social. Estas redes intercambian entre sí bienes y servicios tangibles e intangibles y, en coyunturas políticas de crisis, algunos de sus personajes sirven de intermediarios o de mediadores del conjunto de la red.

Dentro de los rasgos de esta generación nos interesan dos: Desde el inicio, en la Generación existe un grupo de mujeres, en su mayoría escritoras y poetisas, que se reúnen en torno a una sección cultural llamada "Sociedad Gabriela Mistral"[331], que poseen sus propios

---

[330] Carlos Wyld Ospina nace en La Antigua Guatemala en 1891, hijo de dos familias de las más importantes redes sociales: los Wyld, de origen inglés, y los Ospina, de origen colombiano. Casó con Amalia Chévez, escritora y poetisa vinculada a los movimientos feministas. Fue un gran poeta y prosista y ejerció el periodismo en *El Imparcial, Diario de los Altos de Quetzaltenango* y *El Diario de Centroamérica* y escribió en varios diarios mexicanos durante su exilio en la época maderista. Fue miembro de la Academia Guatemalteca de la Lengua y de la Sociedad de Geografía e Historia. Fundó en 1922 una de las sociedades teosóficas centroamericanas más importantes, "Eucarás", y fue director de la revista *Estudio*, dedicada al conocimiento científico de la teosofía, el espiritismo y las religiones, con el propósito de mejorar moral e intelectualmente al pueblo. Murió en 1956. A pesar de no pertenecer a la Generación del 20, estuvo muy ligado a ella por su oposición a la dictadura cabrerista y por su lucha a favor del unionismo. Casaús Arzú, Marta (2001). Las redes teosóficas de mujeres en Guatemala, *op. cit.*, 220p.

[331] Recordemos la relación de Gabriela Mistral con las sociedades teosóficas y la red social que la poetisa, con otros pensadores latinoamericanos (Vasconcelos, Haya de la Torre o Mariátegui), formaron a lo largo de las décadas de 1920 y 1930. Véase Devés,

espacios públicos y al menos un par de columnas fijas en las revistas y periódicos de la época, que utilizan para debatir los derechos de género y para conseguir sus reivindicaciones ciudadanas.

> Esta red social de mujeres está notablemente influida por el pensamiento teosófico de la época y muchas de ellas pertenecen a clubs y asociaciones espiritistas, siendo éste, uno de los vínculos que les genera mayores espacios de sociabilidad y que les va a permitir relacionarse y legitimarse a nivel local e internacional. Las corrientes teosóficas que más van a influir en esta red de mujeres serán las sociedades teosóficas de Madame Blavastsky, Annie Besant, junto al pensamiento orientalista de Krishnamurti[332].

Resulta novedoso para la historia de las mujeres guatemaltecas descubrir que existió un consistente movimiento social feminista y que lo lideraron mujeres ilustres, poetisas, escritoras y políticas como: Josefina Saravia, Rosa y Graciela Rodríguez López, Isaura Menéndez, Magda Mabarak y Matilde Rivera Cabezas.

> Muchas de ellas pertenecían a sociedades teosóficas, vinculadas a las redes latinoamericanas de Gabriela Mistral que mantenían abierta una columna de debate con otros compañeros de su generación, tratando de crear opinión pública entre la población en general, y en las mujeres en particular, sobre la necesidad de incorporarse a la sociedad con plenos derechos al trabajo, a la maternidad libre, al acceso a la cultura, al voto femenino, etc.[333].

En las *Memorias* de uno de los fundadores de la Generación del 20, Jorge García Granados, se refiere a una pariente con la que se había criado cuando se quedó huérfano, Amelia Saborío García Granados, comentando que se reunían las mujeres de "la gente decente... a platicar y a leer a Allan Kardek y Madame Blavastsky y otros expertos en

---

Eduardo (1999). La red de pensadores latinoamericanos de los años 1920: Relaciones y polémicas de Gabriela Mistral, Vasconcelos, Palacios, Ingenieros, Mariátegui y Haya de la Torre, El Repertorio Americano y otros más, en Boletín Americanista, Universidad de Barcelona, N° 49.

[332] Casaús Arzú, Marta (2001). Las redes teosóficas de mujeres, *op. cit.*, 225p.

[333] Ibíd. 226p.

la materia. Asistían a reuniones espiritistas, donde me temo que to-
maban el pelo a personas mucho menos cultas que ellas". Ello pone
de manifiesto la enorme importancia que estas tertulias poseían para
las élites intelectuales urbanas en donde el espiritismo y la Teosofía
constituían parte de su vida cotidiana[334].

> El hecho de constituirse como una "sociedad cultural" –cu-
> riosamente no se denomina asociación o agrupación, sino
> "sociedad", al estilo de las creadas por Madame Blavastsky,
> y de otros círculos teosóficos– junto con la aparición de
> una columna fija en una revista comprometida con la re-
> generación de la sociedad y la recuperación de valores de
> los ciudadanos, como lo fue la revista *Vida*, es lo suficien-
> temente significativo como para analizar la relevancia que
> tuvo esta asociación en la generación de opinión pública y
> debate acerca de asuntos de género[335].

El semanario *Vida*[336] se funda con un ideario de regeneración social,
el saneamiento moral es la condición previa de la depuración política
centroamericana, "la labor de saneamiento moral solo podrá ser fruto
de sinceridad, desinterés, conciencia de propósitos, sentimiento de
responsabilidad y disciplina de quienes la acometan, caracterizados
en la perfecta unidad de pensamiento y de acción"[337].

El semanario abre un importante debate acerca del papel de las mujeres en las sociedades modernas y su inalienable derecho al trabajo
y a la educación.

Promueven la existencia de una columna fija, titulada *"Sección de la
Sociedad Gabriela Mistral"*, en la que escriben un grupo de mujeres
que, amparadas en la figura de Gabriela Mistral y posiblemente en las

---

[334] Ibíd. 227p.

[335] Ibíd. 228p.

[336] Los directores de la revista fueron: del 12 de septiembre de 1925 al 20 de febrero de
1926, Clemente Marroquín Rojas; del 27 de febrero a junio de 1926, Carlos Rendón
Barnoya; en julio de 1926 ocupó el cargo Federico Mora, y el último año se hizo
cargo Eduardo Mayora. Parece curioso que el semanario *Vida* tome el mismo nombre
que uno de los periódicos de carácter teosófico más importantes, dirigidos por un
conocido teósofo español, Ezequiel Redolat. Ibíd.

[337] Ibíd.

redes teosóficas a las cuales pertenecían "muchas de ellas, desarrollan una intensa labor de formación y divulgación de los planteamientos feministas de la época, tratando de crear la conciencia ciudadana de la necesidad en la participación femenina de forma más activa en la conquista de sus derechos cívicos y políticos"[338].

> La Sociedad Gabriela Mistral, muy inspirada por la poetisa chilena con la que mantenían una fluida correspondencia –sus vinculaciones teosóficas y sus viajes a Guatemala con cierta frecuencia lo apoyan– se declaraba en sus principios constitutivos como una asociación feminista, "que pretende abolir la inferioridad de la mujeres, demostrar que aunque sea en un limitado círculo que tanto vale y puede tanto el hombre como la mujer y que, siendo un ser de elevados sentimientos, es digna de justicia, y de igualdad política y social"[339].

En uno de sus artículos Graciela Rodríguez López, desde la Sociedad Gabriela Mistral "...para instruir a las mujeres y prepararlas para tomar parte en el juego de la vida", hace un llamamiento en estos términos:

> La Sociedad Gabriela Mistral, hace un llamamiento a la mujer Guatemalteca para que concurra a la sala de lectura donde encontrará libros escogidos y podrá comentarlos debidamente, recibirá clase de puericultura, higiene, literatura, gramática e idiomas y tomar parte en certámenes diversos[340-341].

---

[338] Ibíd., 230p.

[339] Ibíd.

[340] Graciela Rodríguez, "La falta de cultura intelectual entre la gente de bien de Guatemala", en *Revista Vida*, n.° 21, 26 de enero de 1926. Nótese como todo el enfoque va dirigido a las élites intelectuales metropolitanas, que la autora denomina "gente bien". En su artículo, al plantear que lo que buscan es desarrollar un "feminismo verdadero", está utilizando el concepto en los mismos términos que lo hace Adolfo Posada, como, "movimiento favorable a la mejora de la condición política, social, pedagógica y muy especialmente económica de la mujer". Posada lo denomina feminismo realista y considera que existe un consenso social según el cual la mujer ocupa una posición en la sociedad de inferioridad real y constante. Posada, Adolfo (1994) Feminismo, Madrid, Cátedra, Ibíd 233p.

[341] Ibíd.

4.3. Su pensamiento en otros ámbitos

> La Maestra era pobre. Su reino no es humano
> (Así en el doloroso sembrador de Israel).
> Vestía sayas pardas, no enjoyaba su mano
> ¡y era todo su espíritu un inmenso joyel!.
> *Maestra rural*. Gabriela Mistral.

Como señala Maximiliano Salinas Campos en la presentación de un libro[342], Gabriela Mistral no fue sólo la adolorida mujer de *Desolación*. En ella se encuentra un pensamiento social vigoroso y riquísimo para Chile y la América del Sur.

> Los importantes esfuerzos que día a día se hacen por recopilar sus escritos necesitan al mismo tiempo ser objeto de estudio y de investigación. Y de conocimiento sencillo del mayor número de personas. Especialmente se hace necesario conocer su prosa, que fue "muchas veces su más penetrante poesía", como dijera Pablo Neruda[343] (*Confieso que he vivido*)[344].

Además de América, la más carnal de sus pasiones, los tres temas que completan la visión y pasión de Gabriela Mistral son la tierra, los indígenas y las mujeres[345].

> Donde volcó su pensamiento desconcertantemente "carnal" para los filósofos de profesión. "Su visión a veces nos desconcierta, por cierta insistencia en la carnalidad... ¿Hay un tipo de pensar que al mismo espíritu quisiera hacer carne, y lo exprese en imágenes y símiles que lo vuelven cosa de palpación más que de comprensión?", escribió su viejo amigo José Vasconcelos en 1946 (*Homenaje Gabriela Mistral*, en *Revista Iberoamericana, Vol. X*, N° 20, 224 p.).

---

[342] Figueroa, Lorena; Silva Keiko y Vargas, Patricia. Tierra, indio, mujer: Pensamiento social de Gabriela Mistral, Santiago, Ediciones LOM. http://www.cervantesvirtual. com/nd/ark:/59851/bmcv40q2

[343] Neruda, Pablo (2005). Confieso que he vivido, Santiago, Pehuén Editores Limitada.

[344] Figueroa, Lorena; Silva Keiko y Vargas, Patricia. Tierra, indio, mujer, Op. cit.

[345] Véase Ocampo, Victoria (1963). Gabriela Mistral en sus cartas, en Testimonios. Sexta serie 1957-1962, Buenos Aires, Sur.

Tierra, indígenas y mujeres son los temas, también, hoy por hoy pendientes de nuestra modernización coja y tuerta"[346].

A la par de sus escritos en versos, Gabriela Mistral escribía sobre compromiso y equidad social. Ya en su adolescencia cuestionaba la pobreza y la injusticia de los desposeídos, de los cuales también formaba parte.

> Al buscar el origen de esta preocupación, debemos remontarnos a su niñez, a su entorno elquino[347], primario y agrícola, que reflejó carencias sociales y políticas en que vivía el sector campesino de América del Sur. Conversaciones con Pedro Aguirre Cerda acerca de la necesidad de una Reforma Agraria -cuando éste aún se desempeñaba como profesor-, dieron origen al libro *El Problema Agrario* que el futuro Presidente de Chile le dedicó en 1929[348].

Fiel a un espíritu integracionista americano, Gabriela revitalizó el sueño de Bolívar, acorde al momento histórico en que estaba viviendo. Compartió también, con José Martí, un ideal de autonomía y libertad para el pueblo de América. Esta postura la llevó a denunciar la intervención norteamericana en Nicaragua y defender la causa de Sandino, entre otras[349].

Ante audiencias extranjeras pedirá por América y por la población indígena. En reunión con el Presidente Truman olvidará los protocolos y dará libre cauce a sus inquietudes, tal como relata el traductor de esa sesión:

> (…) Truman siguió. "La felicito por el Premio Nobel". Gabriela contestó: "Muchas gracias, señor Presidente". Truman continuó: "¿Le gusta Washington?". Ella le dijo: "Sí, mucho". Yo comencé a darme cuenta que mi labor se estaba poniendo no fácil sino trivial, hasta que Gabriela, como ella acostumbra, quiso trascender lo convencional con un gran estallido.

---

[346] Figueroa, Lorena; Silva, Keiko y Vargas, Patricia. Tierra, indio, mujer, *op. cit.*
[347] Valle del Elqui, Región de Coquimbo, Chile.
[348] Figueroa, Lorena; Silva, Keiko y Vargas, Patricia. Tierra, indio, mujer, *op. cit.*
[349] Ibíd.

Y Gabriela dijo: "Señor Presidente, ¿no le parece una vergüenza que siga gobernando en la República Dominicana un dictador tan cruel y sanguinario como Trujillo?". Truman, por supuesto, no contestó, limitándose a una ancha sonrisa. Pero Gabriela siguió.

"Yo quería pedirle algo, señor Presidente; un país tan rico como el que usted dirige, debería ayudar a mis indiecitos de América Latina que son tan pobres, que tienen hambre, que no tienen escuela". Truman volvió a sonreírse sin decir nada, el embajador se puso nervioso y también el jefe de protocolo[350].

Ese interés por el continente, por sus ideales, por su integridad cultural, y por todos sus componentes son los valores que rescatamos de Gabriela Mistral.

---

[350] Ibíd.

Conclusiones

Nos encontramos nuevamente en unos "locos años 20" muy similares a los que forjaron el crisol de creencias de la poetisa más grande de Chile. Recordemos que los del Siglo XX nos trajeron la Primera Guerra Mundial, los "Ismos" (fascismo, nazismo, comunismo), las revoluciones industriales y la rusa. La moda, las ciudades, el cine, la música, el arte, la historia cambiaron por completo durante diez años en los que se vivieron realidades muy distintas dependiendo del lugar donde nos centremos.

De esa época se viene a la memoria una película y un libro. La película es *Metrópolis* de Fritz Lang (1927), considerada por muchos como una obra maestra del cine de ciencia ficción de todos los tiempos. Ambientada en una gigantesca ciudad futurista del año 2026 nos muestra una sociedad en crisis. Lang presenta dos clases: la dominante, que posee en exclusiva el poder económico e intelectual, vive en medio del lujo en la superficie, y la clase de los trabajadores, al servicio de las máquinas, habita una ciudad excavada en el subsuelo. En la fábrica, cuyas máquinas sostienen la gran ciudad, tiene una visión del progreso tecnológico que se le muestra bajo la forma Moloch o Baal, malvada deidad del Antiguo Testamento que se alimenta de sacrificios humanos.

Por otro lado, un libro, *Un mundo Feliz* de Aldous Huxley (1894), libro de ciencia ficción y crítica social publicado en el año 1932. En esta novela se describe un mundo futurista, utópico, altamente regulado y tecnológico. Según su condición genética, previamente alterada, la sociedad se divide desde los Alpha hasta los Épsilon, de mayor a menor inteligencia.

Pero también en esos años se vivió un despertar de las dos conciencias (la con S comprender la realidad y reconocernos en ella y sin S el conocimiento moral de lo que es el bien y el mal) todo frente al materialismo imperante. En esa época también se desarrollan nuevas escuelas filosóficas iniciáticas, aparece el "Espiritualismo" o espiritismo en francés y los conocimientos de doctrinas y religiones orientales comienza a permear Occidente, como la Sociedad Teosófica, manantial de ideas y reflexiones que mojaron las creencias –con esa agua cristalina del conocimiento– de Gabriela Mistral. Una primera crítica desde la espiritualidad mistraliana al antropocentrismo que vivimos desde la revolución francesa: "En el largo destierro del Origen que no sé si me he dado o si me dieron para consolación larga y dorada la Tierra tuve y la tierra retengo entre las manos, y me dura sin tiempo".

Chile no fue una excepción de este primer despertar de conciencia que se vivió el Siglo pasado. Diversos grupos de Estudios Psíquicos y espiritistas crecieron en todas partes. Eduardo de la Barra, Rosario Orrego, Jacinto Chacón, Arturo y Ricardo Prat y Carmela Carvajal pertenecieron a ellos. En 1873 El libro de los Espíritus del francés Allan Kardec se tradujo en Chillán. Otros extranjeros como León Tournier trajeron nuevos conocimientos, nuevas reflexiones y nuevas escuelas iniciáticas y espirituales como el rosacrucismo y el martinismo.

También, apareció no sólo en recintos de la alta sociedad sino también en escuelas como el Instituto Nacional y sindicatos obreros la posibilidad de debatir sobre "Lo Establecido" oficialmente: entre esos nuevos temas y uno de los principales: la reencarnación. Y aparecieron personajes claves en los estudios espirituales y parapsicológicos en Chile.

No olvidemos que el emperador justiniano en el año 543 en el Sínodo de Constantinopla extirpó del antiguo y Nuevo Testamento el concepto de Reencarnación. Por una opción política y no religiosa. No era conveniente para el "Poder" que pensáramos que teníamos a Dios dentro de nosotros mismos y con nuestras acciones correctas apegadas a los valores verdaderos y con el apoyo de la Divinidad pudiésemos evolucionar.

Ahora ustedes, nosotros y todo el planeta estamos en nuestros propios "locos años 20" con un agravante la Pandemia del COVID 19.

Nuestro "locos años 20" nuevamente nos llaman a reflexionar sobre valores y virtudes y ese crisol de creencias que formaron a nuestra más grande poetiza en esta desconocida historia espiritual. Estas ideas renacen en estos tiempos como el sol sucede a la noche, con más vigencia que nunca.

Como hemos visto en este ensayo la más grande poetisa chilena vivió durante su vida una tensión religiosa que no afectó su crecimiento espiritual. La influencia de las ideas y planteamiento de la Teosofía y el rosacrucismo no entraron en rompimiento con su cristianismo, distinto al sostenido por las jerarquías de la Iglesia Católica.

En una misiva al Padre Méndez Plancarte (director de la revista *Abside* en México), Gabriela Mistral señaló: "Su amiga no es una católica cabal; es sólo una especie de cristiana libre"[351]. Pero pese a que numerosas veces se autodenominó católica la poetisa creyó hasta sus últimos días en la reencarnación.

También ella, en muchas oportunidades, se definía a sí misma como "cristiana" y no como "católica"[352]. Como nos hemos preguntado reiteradamente en este libro ¿en qué consiste su cristianismo? Su paradigma, en este punto, es directamente tributario de toda una constelación de ejemplaridades, éticas y, como tales, capaces de condicionar la aceptabilidad de las formas sociales o culturales, tanto las históricas como las utópicas.

Esas ejemplaridades remiten, esencialmente, a los grandes relatos y a las grandes figuras bíblicas (Cristo ante todo, y con él, David, Elías, Job, Ruth), a la historia del pueblo judío (para ella historia emblemática del perseguido, del excluido), a las vidas de santos de los tiempos posteriores, del Medioevo (San Francisco), del barroco (Santa Teresa, San Juan de la Cruz).

---

[351] Mistral, Gabriel (1951). Cartas de Gabriela Mistral al padre Gabriel Méndez Plancarte, Abside, XV, N°2, México. La carta es del 20 de septiembre de 1949.

[352] Sobre su manera de entender el cristianismo y sus simpatías budistas, ver Ladrón de Guevara, Matilde (1962). Gabriela Mistral. Rebelde magnífica. Buenos Aires: Editorial Losada.

> La Biblia misma, como libro, representa para Mistral una ejemplaridad superior e incomparable: la de una escritura veraz, intensa, poética, "realista" y comunitaria[353].

Esta verdadera aleación de ideas espirituales provenientes de lo mejor del cristianismo, de la Teosofía y del rosacrucismo, hizo que Gabriela se convirtiera en una de las principales figuras de la poesía y literatura chilena y latinoamericana. Además, la poetisa, en una temática bastante desconocida en Chile, fue tremendamente reconocida a temprana edad en muchos de los países latinoamericanos y no sólo por sus poesías iniciales sino que por poseer pensamiento-intelectual, rompedor de lo tradicional y establecido. Fue una de las primeras mujeres en pertenecer a una Logia Teosófica con tan sólo 22 años.

En las páginas precedentes hemos visto como Gabriela Mistral era muchos más que la madre y la maestra, ideas que se nos han entregado desde niños en nuestra educación. Gabriela Mistral fue una espiritualista, con una poesía mística que atesoraban enseñanzas de escuelas ignotas. Ideas que la sacaron de su templo propio iniciático hacia el mundo profano, volviéndose un ícono en la lucha por los derechos de la mujer a principios del siglo XX. Fue una de las primeras feministas e impulsadora de grupos intelectuales mujeres que llenaron con sus escritos diarios y revistas en muchos de los países de América Latina.

Y es que la poetisa chilena no puede ser analizada como un ente aislado de lo que pasaba en el continente. Gabriela Mistral compartió con otros destacados intelectuales un momento clave de esos que marcan la historia no sólo de un país sino de un continente. La poetisa chilena, sin ser reconocida en su país, participó de un movimiento espiritualista donde se combinan elementos teosóficos, con hinduismo, reivindicación de lo oriental y, en ocasiones, creencias o prácticas espiritistas junto a destacados poetas, educadores, pensadores y políticos.

---

[353] Montes, Leonidas (2011). Gabriela Mistral. Recados de la aldea, Revista Chilena de Literatura, N°80, Santiago, noviembre.

Gabriela Mistral formó parte desde el inicio de esta "red intelectual", en la cual se redimensionaron aspectos teóricos como el indigenismo, espiritualismo, raza cósmica, así como prácticos aprismo, continentalismo, socialismo latinoamericano.

De este grupo formaron parte hombres y mujeres que dejarían escrito con tinta perenne una frase o un libro en la historia de nuestro continente, entre ellos José Vasconcelos, José Santos Chocano, César Sandino, Víctor Raúl Haya de la Torre Roberto Brenes Mesén, Leopoldo Lugones, Ezequiel Redolat, Alberto Masferrer y Miguelina Acosta.

> Y yo dije al Señor: "Por las sendas mortales
> le llevan. ¡Sombra amada que no saben guiar!
> ¡Arráncalo, Señor, a esas manos fatales
> o le hundes en el largo sueño que sabes dar!
> *Sonetos de la muerte III.* Gabriela Mistral.

Durante toda su vida Gabriela Mistral, tuvo una búsqueda de espiritualidad tan grande que la llevó a encontrar cosas positivas en diferentes caminos pero que conducían a una unidad en su crecimiento personal de su alma y no en religiones determinadas. Este libro buscó demostrarlo. Como señala Rolando Manzano Concha, director del Centro Mistraliano de la Universidad de La Serena, que él fundó en 1989: "Su fe, su apego a la Biblia, es obra de madurez. Poseía una enorme sensibilidad espiritual, que la llevó a vincularse con los rosacruces, el hinduismo, la Teosofía y hasta con el espiritismo"[354].

> En Mistral el hombre no consuma su destino en un puro y determinado modo de aparecer y ser en el tiempo histórico. Hay un "algo más", irreductible al absoluto de la historia, que toma forma en la sintonía espiritual (o religiosa) del hombre con la tierra, con el todo, con el universo, con Dios: es entonces cuando el hombre y su mundo se "abren" a su propia trascendencia, y es así, por esa vía, como de algún modo se salva, en el sentido de que se cumple[355].

---

[354] De la Sotta Donoso, Romina (2019). Reconstruyen los 21 años clave de Gabriela Mistral en Coquimbo, Economía y negocios, 7 de abril. http://www.economiaynegocios.cl/noticias/noticias.asp?id=560322

[355] Montes, Leonidas (2011). Gabriela Mistral. Recados de la aldea, Ibíd.

Al comienzo de este libro mostramos la carta al presidente Pedro Aguirre Cerda de 1920, en que Gabriela Mistral adelanta lo que habría de ser su lucha en cuanto a creencias y que en el final creo necesario repetir:

> Yo no soy antirreligiosa, ni siquiera arreligiosa. Creo casi con el fervor de los místicos, pero creo en el cristianismo primitivo, no enturbiado por la teología, no grotesco por la liturgia y no materializado y empequeñecido por un culto que ha hecho de él un paganismo sin belleza. En suma soy cristiana, pero no soy católica[356].

Por último, quiero recordar que en el museo dedicado a la poetisa, lo que constituye una verdad indesmentible de sus textos de lectura, destaca:

> La primera edición del Canto General, realizada en el año 1950 en México, autografiada por el autor, Pablo Neruda. Encontramos el Evangelio con notas y comentarios de su puño y letra, Los Salmos del Rey David, varias obras de Teosofía de la Irlandesa Annie Besant, la filosofía Rosacruz de Max Heindel[357] (miembro del Colegio Cósmico de la Gran Logia Blanca), publicaciones sobre meditación ocultista, Ramacrishna, o El Bhagavad Guita, llamado también el Canto del Señor o el Mensaje del Maestro. Lecturas que nos muestran el interés, la riqueza y complejidad de su mundo interior. Aparecen también libros de aves, la naturaleza y algunos muy curiosos de origami o biorritmo[358].

---

[356] Carta fechada el 1 de febrero de 1920 en Punta Arenas. Tagle, Matías (2002). Gabriela Mistral y Pedro Aguirre, *op. cit.*

[357] Max Heindel, conocido como el gran místico occidental del siglo veinte, nació en julio 23 de 1865. Dejo el hogar a la edad de dieciséis años. Fue elegido como Jefe de Ingenieros de un vapor comerciante siendo muy joven todavía. Este lo llevó hasta el Oriente, y sus viajes alrededor del mundo en su capacidad de ingeniero dieron a Max Heindel un gran conocimiento del mundo y su gente. Max Heindel llegó a Los Ángeles, California, en 1903, donde se interesó en el estudio de la metafísica y se unió a la Sociedad Teosófica. Véase http://sabiduriaintima.com/biblioteca.htm.

[358] Irribaren, Rodrigo (2010). Renovación Museo Gabriela Mistral de Vicuña, Revista museo, 37p. http://www.museoschile.gob.cl/628/articles-22079_archivo_01.pdf

Creo que la historia espiritual de Gabriela Mistral está muy bien representada en una charla del maestro Lowe, canalizado por Jaime Galté Carré, en la que estuvo presente su amiga Anita Olea Salinas, titulada "la caída y el mal[359]:

> Se comprende que, en toda prueba, cuyo factor básico es la libertad, hay que optar por decir sí o no, no hay términos medios. La afirmación crea la armonía y la unidad; la negación, provoca la disonancia y la dispersión.

> La primera es beatitud, la segunda es dolor. Sin embargo, no olvides, hermano, que la dispersión no es fatalmente inexorable, tiene un límite que engendra la onda de retorno (…) Si no existiese el error, lo verdadero no tendría valor, y por analogía, podríamos decir lo mismo para lo bello y lo bueno (…)

> Te recomiendo, encarecidamente, que no te amargues por situaciones o estados difíciles, materiales o espirituales, que te hacen sufrir. Cada situación difícil es la clave de una deuda anterior.
> En esta meditación profunda sobre la dualidad de este mundo, la divinidad y la reencarnación, una frase se agolpa en la mente del narrador: ¡El agua es el cuerpo del Altísimo! ¡El agua es el Amor del Creador!. Y va surgiendo una respuesta a la interrogante:

> La fórmula del agua a base de dos gases presenta dos aspectos: uno de vida y otro de muerte. Efectivamente, de los dos elementos que la componen, el oxígeno da la vida misma al humano, pero el hidrógeno le produce la muerte (…) un mismo elemento transformado por efectos del calor o el frío constituye una trinidad.

---

[359] Grupo Martinista Jaime Galté, En el Umbral. Santiago de Chile: Talleres Gráfico La Nación, 1962.

Epílogo

En 1945, a los 56 años, recibe el Premio Nobel de Literatura, que le entregará, en Estocolmo, el Rey Gustavo. En noviembre de ese año un telegrama es enviado desde Valparaíso con felicitaciones por la distinción bajo la firma Sociedad Teosófica de Chile[360].

Dos años más tarde se le otorga el título de Doctor Honoris Causa del *Mills College* en Oakland, California. En 1950 gana el Premio Serra de las Américas, otorgado en Washington por *The Academy of American Franciscan History*, y el año siguiente, 1951 se le concede el "Premio Nacional de Literatura" en Chile.

Luego de una larga enfermedad, Gabriela muere el 10 de enero de 1957, en el Hospital General de Hempstead, Nueva York. Sus funerales en Chile, el 21 de enero, después de tres días de duelo oficial, constituyen una verdadera apoteosis. Por disposición testamental, deja todos los derechos de sus obras publicadas en América del Sur a los niños de Monte Grande[361].

> Donde haya un árbol que plantar, plántalo tú.
> Donde haya un error que enmendar, enmiéndalo
> tú. Donde haya un esfuerzo que todos esquivan,
> hazlo tú. Sé tú el que aparta la piedra del
> camino. *El placer de servir*. Gabriela Mistral.

---

[360] Biblioteca Nacional. [Telegrama] 1945 nov. 17, Valparaíso, [Chile] [a] Gabriela Mistral, Río de Janeiro, [Brasil] [manuscrito] Sociedad Teosófica.

[361] Moulin, Sylvie. Gabriela Mistral en busca de sí misma, *op. cit.*

Bibliografía

Aimes Navarro, Perla (2014). Teosofía, agnosticismo y paganismo en el pensamiento anarquista, Pacarina del Sur, año 5, N° 19, abril-junio.

Alarcón, Justo. Leopoldo Lugones (1874-1938). http://www.los-poetas.com/c/biolug.htm

Álvarez, Oriel (2016). Mistral y la logia Destellos, El Mercurio de Antofagasta, 17 de junio. http://www.mercurioantofagasta.cl/impresa/2016/06/17/full/cuerpo-principal/31/

Aranda, Primo F (1927). La sexta sub-raza, Teosofía en Yucatán, Órgano del Grupo de Trabajo de las Logias Teosóficas de Yucatán, Vol. II, año III, N° 2, Mérida, julio-agosto.

Artigas, Mario (2010). Pedro Aguirre Cerda y Gabriela Mistral. http://marioartigas.blogspot.cl/2010/10/pedro-aguirre-cerda-y-gabriela-mistral.html?m=1

Bahamondes, Mario (1980). Gabriela Mistral en Antofagasta, años de forja y valentía, Santiago, Editorial Nacimiento.

Barboza Marzán, Eliseo (2005). Lucila y los francmasones, El Día, La Serena, 8 de diciembre.

Barboza, Eliseo (2012). Apuntes para una historia. Luz y Esperanza de La Serena, Santiago, Editorial Occidente

Bellini, Giuseppe (1985). Historia de la literatura hispanoamericana, Madrid, Editorial Castalia.

Besant, Annie (1920). La Doctrina del corazón, Lima, Orden Martinista del Perú-Grupo Lucian Chamuel N°37, Círculo Acanto N° 19.

Besant, Annie (2004). La Sabiduría antigua: un esbozo de las enseñanzas teosóficas, Barcelona, Editorial Teosófica.

Calderón, Alfonso (1970). Croquis Mexicanos, Santiago, Editorial Nascimento.

Campos Harriet, Fernando (1960). Desarrollo Educacional, 1810-1960, editorial Andrés Bello.

Casaús Arzú, Marta (2001). Las redes teosóficas de mujeres en Guatemala: la Sociedad Gabriela Mistral, 1920-1940, Revista Complutense de Historia de América, N° 27.

Casaus, Marta (2011). El vitalismo teosófico como discurso alternativo de las élites intelectuales centroamericanas en las décadas de 1920 y 1930. Principales difusores: Porfirio Barba Jacob, Carlos Wyld Ospina y Alberto Masferrer". REHMLAC, Vol. 3, N° 1, mayo-noviembre.

De la Sotta Donoso, Romina (2019). Reconstruyen los 21 años clave de Gabriela Mistral en Coquimbo, Economía y negocios, 7 de abril. http://www.economiaynegocios.cl/noticias/noticias.asp?id=560322

Devés Valdés, Eduardo y Melgar Bao, Ricardo (1999). Redes teosóficas y pensadores (políticos) latinoamericanos 1910-1930, Cuadernos Americanos, Vol. 6, N° 78, 137p. Ponencia presentada en el VI Congreso de la SOLAR, Sociedad Latinoamericana de Estudios sobre América Latina y el Caribe, en Toluca, México en noviembre de 1998.

Devés, Eduardo (1999). La red de pensadores latinoamericanos de los años 1920: Relaciones y polémicas de Gabriela Mistral, Vasconcelos, Palacios, Ingenieros, Mariátegui y Haya de la Torre, El Repertorio Americano y otros más, en Boletín Americanista, Universidad de Barcelona, N° 49.

Diario la Región de Coquimbo (2016). Sebastián Jans: "Yo diría que en gran medida Gabriela Mistral fue producto de la masonería", Diario la Región de Coquimbo, 28 de septiembre. http://www.diariolaregion.cl/portal/?p=41122

Dussuel, Francisco (1960). Carta inédita de Gabriela Mistral, Mensaje, enero-febrero, N°86, vol. IX.

Escobar Soriano, Juan (2015). ¿La Orden Rosacruz es compatible con la fe cristiana?, Aleteia, 9 de noviembre. https://es.aleteia.org/2015/11/09/la-orden-rosacruz-es-compatible-con-la-fe-cristiana/

Escobar, José Luis (2017). La Sociedad Gabriela Mistral y el movimiento teosófico en Guatemala, La Prensa Libre, 5 de marzo. http://www.prensalibre.com/revista-d/la-sociedad-gabriela-mistral-y-el-movimiento-teosofico-en-guatemala

Fernández, Juan Miguel (2013). Científicos espíritas del Siglo XIX, Revista Espírita de la Federación Espírita Española, N°5, marzo. http://www.espiritismo.cc/Descargas/Revistas/RevistaFEE5.pdf

Figueroa, Lorena; Silva Keiko y Vargas, Patricia. Tierra, indio, mujer: Pensamiento social de Gabriela Mistral, Santiago, Ediciones LOM.

Figueroa, Virgilio (1933). La divina Gabriela, Santiago, Imprenta El esfuerzo.

Frases y pensamientos, frases de Rumi. http://www.frasesypensamientos.com.ar/autor/rumi.html

Gaytán, Sergio (2009). Mistral en el norte de iglesias, Corporación Andrés Sabella, 7 de julio. https://museosabella.blogspot.com/2009/07/mistral-en-el-norte-de-iglesias.html

García Huidobro, Cecilia (2005). Moneda dura. Gabriela Mistral por ella misma. Santiago, Catalonia

Garrido Donoso, Lorena (2014). Género epistolar y hermandad artística en la poesía de mujeres de la primera mitad del siglo XX, Literatura y Lingüística N° 29.

Gnosis Instituto Cultural Quetzalcóatl. Ciencia Esotérica. Elementales de la Naturaleza.

Gómez, Claudia y Tesche, Paula (2012). El discurso de lo extimo en "locas mujeres" de Gabriela Mistral, Mitologías Hoy, N°5, verano.

González Pizarro, José (1989). La otra Gabriela Mistral. Cultura, ideología e intimidad en la correspondencia con Zacarías Gómez, Anales de Literatura Hispanoamericana, Vol. 18.

González Allende, Iker (2004). Entre la modestia y el orgullo: las coordenadas metapoéticas de Carolina Coronado, Revista Decimonónica, N° 1.

Grupo Martinista Jaime Galté, En el umbral. Santiago de Chile: Talleres Gráfico La Nación, 1962.

Hutin, Serge (2001). El espiritismo y la sociedad teosófica. En Puech, Henri-Charles. Historia de las religiones. Las religiones constituidas en Occidente y sus contracorrientes II, Vol. 8, México, Siglo XXI Editores.

Irribaren, Rodrigo (2010). Renovación Museo Gabriela Mistral de Vicuña, Revista museo, 37p. http://www.museoschile.gob.cl/628/articles-22079_archivo_01.pdf

Ladrón de Guevara, Matilde (1962). Gabriela Mistral. Rebelde magnífica. Buenos Aires: Editorial Losada.

Lavrin, Asunción (2005). Mujeres, feminismo y cambio social en Argentina, Chile y Uruguay 1890-1940. Santiago: Centro de Investigaciones Diego Barros Arana.

Lugones, Leopoldo (1901). Nuestras ideas estéticas, Philadelphia, Buenos Aires, año IV, t. V, noviembre-diciembre.

Manzano, Rolando (2008). Recorrer la vida desde la vereda contraria, Patrimonio cultural, verano.

Memoria política de México (2017). Felipe Carrillo Puerto. http://www.memoriapoliticademexico.org/Biografias/CPF74.html

Mimenza Castillo, Ricardo (1923). El Popol-Vuh, su importancia y su trascendencia, Tierra, Órgano de la Liga Central de Resistencia, época III, N° 13, Mérida, 22 de julio.

Mistral, Gabriela (1915). Carta a Iris (), revista Sucesos, N°652, 25 de marzo. http://www.memoriachilena.cl/archivos2/pdfs/MC0063732.pdf

Mistral, Gabriela (1922). Desolación. New York, Instituto de las Españas en los Estados Unidos.

Mistral, Gabriela (1923). El oficio lateral, Revista de Educación, N°1, marzo, Santiago.

Mistral, Gabriela (1938). Tala, Buenos Aires, Ediciones Sur.

Mistral, Gabriela (1957). Epistolario. Cartas a Eduardo Labarca (1915-1916), Santiago, Edición de los Anales de la Universidad de Chile, N°13, 19p. https://www.bcn.cl/obtienearchivo?id=document os/10221.1/55347/2/254954.pdf&origen=BDigital

Mistral, Gabriela (1978). Prosa Religiosa de Gabriela Mistral, Santiago de Chile, Editorial Andrés Bello.

Mistral, Gabriela (2002). Bendita mi lengua sea. Diario íntimo de Gabriela Mistral (1905-1956), Santiago, Planeta, 2ª ed.

Montes, Leonidas (2011). Gabriela Mistral. Recados de la aldea, Revista Chilena de Literatura, N°80, Santiago, noviembre.

Montes de Oca, Elvira (2000). Lecturas para mujeres en el México de los años veinte, Sociológica, año 15, N° 44, septiembre-diciembre.

Monroy, Juan Antonio (2017). Literatura y espiritualidad Barcelona, Editorial Clie, 18p. https://www.clie.es/wp-content/uploads/vistas_previas/9788416845989.pdf

Moraga, Favio (2014). Lo mejor de chile está ahora en México", ideas políticas y labor pedagógica de Gabriela Mistral en México (1922-1924), Historia Mexicana, Vol. 63, N° 3.

Morales, Otto (2002). Gabriela Mistral: su prosa y poesía en Colombia, Convenio Andrés Bello, Colombia.

Moulin, Sylvie. Gabriela Mistral en busca de sí misma. http://www.escritores.cl/base.php?f1=articulos/texto/gabriela_en_busqueda.htm

Neruda, Pablo (2005). Confieso que he vivido, Santiago, Pehuén Editores Limitada.

N. Sri Ram (1984). Pensamientos para Aspirantes, Quest Books.

Nuestro (2008). Gabriela Mistral y la tercera Orden Franciscana. La poetisa y el santo poeta.

Ocampo López, Jaime (2002). Gabriela Mistral la maestra de escuela, Premio Nobel de Literatura. https://dialnet.unirioja.es/descarga/articulo/2480633.pdf

Ocampo, Victoria (1963). Gabriela Mistral en sus cartas, en Testimonios. Sexta serie 1957-1962, Buenos Aires, Sur.

Olea, Raquel y Fariña, Soledad (1990). Una palabra cómplice. Encuentro con Gabriela Mistral, Santiago, Cuarto Propio.

Olea Salinas, Anita. 1952. Carta a Gabriela Mistral. Véase http://www.bibliotecanacionaldigital.gob.cl/bnd/623/w3-article-138032.html

Orden Rosacruz AMORC (2017). Historia. https://rosacruz.org/historia/

Ordre Martinista (1983). L'initiation. Cahiers de documentation esoterique traditionnelle, Paris.

Pallares, Martín (2015). Gabriela Mistral: el budismo según se lo confesó a Zaldumbide, Especial El Comercio, Ecuador, 18 de abril. https://especiales.elcomercio.com/planeta-ideas/ideas/18-de-abril-del-2015/gabriela-mistral--el-budismo-segun-se-lo-confeso-a-zaldumbide

Pavri, P. (2015). Teosofía explicada: Preguntas y Respuestas, Madrid, Publicaciones LDS.

Posada, Adolfo (1994). Feminismo, Madrid, Cátedra.

Quereilhac, Soledad (2008). El intelectual teósofo: la actuación de Leopoldo Lugones en la revista Philadelphia (1898-1902) y las matrices ocultistas de sus ensayos del Centenario, Prisma. Revista de Historia Intelectual, N° 12, Buenos Aires.

Quezada, Jaime (2002). Bendita mi lengua sea. Diario íntimo de Gabriela Mistral, Santiago, Planeta-Ariel.

Radio Eme (2016). Ex funcionario municipal, José Saldaño, lanza su primer libro Organismos y Psicotipos. https://radioeme.cl/?p=12676&print=print

Ramírez, Gabriel (2010). Sandino en Mérida, Revista de la Universidad Autónoma de Yucatán, N° 251-252, Cuarto trimestre de 2009 / Primer trimestre.

Real Academia Española (2017). Médium. http://lema.rae.es/drae/?val=medium

Reigle, David (1983). The Books of Kiu-Te or the Tibetan Buddhist Tantras: A Preliminary Analysis (Secret Doctrine Reference Series).

Reyes, Mate (1982). La legendaria secta de los Rosacruces ataca de nuevo, El País, España, 17 de mayo. https://elpais.com/diario/1982/05/17/sociedad/390434408_850215.html

Rincón de Dios. La Teosofía. http://www.rincondedios.com/rincon-teo.htm

Rojas González, Margarita (2005). Gabriela Mistral y sus publicaciones en Costa Rica, Trabajo presentado en las Jornadas mistralianas Gabriela, escritora y educadora internacional, organizadas por el Colegio de Profesores de Chile (Santiago, Chile, Centro Cultural de España, 16 noviembre de 2005). http://www.repositorio.una.ac.cr/bitstream/handle/11056/2806/recurso_9.pdf?sequence=1

Rojo, Grínor (1997). Dirán que está en la gloria, Santiago, Fondo de Cultura Económica.

Rojo, Grínor (1997). "Gabriela Mistral en la historia de la mujer latinoamericana. En Gastón Lillo y J. Guillermo Renart (Eds.). Re-leer hoy a Gabriela Mistral. Mujer, historia y sociedad en América Latina, Santiago, Editorial Universidad de Santiago – University of Ottawa, 53-82pp.

Rojo, Grínor (1998). Summa mistraliana, Revista Nomadías N° 3. Santiago. Universidad de Chile, Facultad de Filosofía y Humanidades, Programa de Género y Cultura en América Latina, Editorial Cuarto Propio.

Rojo, Grínor (2007). Retorno mistraliano, Estudios Públicos, N° 108, primavera.

Romo, Manuel (2016). Archivo Masónica, N° 39. Santiago, Chile, 1° julio.

Rubio, Cecilia (2011). Narrativas del yo errante: persona y paisaje en los sueños de Gabriela Mistral, en A. Carrillo y C. Coltters (Eds.), Las huellas del yo. Memoria y subjetividad en la escritura de mujeres latinoamericanas, Puebla, Editorial Universidad de Concepción.

Saavedra Molina, Julio (1946). Gabriela Mistral: su vida y su obra, Santiago, Prensas de la Universidad de Chile.

Salazar Anglada, Aníbal (2000). Modernismo y Teosofía: La visión poética de Lugones a la luz de "Nuestras ideas estéticas", Anuario de Estudios Americanos, Tomo LVII, N°2.

Samatán, Marta Elena (1960). Gabriela Mistral. Campesina del Valle de Elqui, Buenos Aires, Instituto del Libro Argentino. http://www.memoriachilena.gob.cl/archivos2/pdfs/MC0003259.pdf

Sandino, Augusto César. Pensamiento político, Caracas, Editorial Ayacucho.

Salinas, Sergio (2016). Jaime Galté…el médium más grande de nuestra historia…el maestro espiritual más allá del tiempo. Santiago, Grupo de Estudios Jaime Galté.

Schuessler, Michael (2016). La correspondencia de Alma M. Reed y Felipe Carrillo Puerto: una microhistoria pasional y política, EntreDiversidades.

Revista de Ciencias Sociales y Humanidades, N° 6, Universidad Autónoma de Chiapas.

Sepúlveda, Fidel (1995). Gabriela Mistral: Una estética franciscana, Taller de Letras, N°23, noviembre, Pontificia Universidad Católica.

Sin autor (2002). Don Zacarías Gómez, un español que hizo camino en Antofagasta, crónicas y palabras en torno a una ceremonia, Antofagasta, sin editorial.

Subercaseaux, Bernardo (2001). Inés Echeverría (Iris) Alma femenina y mujer moderna. Antología. Santiago: Cuarto Propio.

Subercaseaux, Bernardo (1976). Espiritualismo y canciones de cuna. Cuadernos Americanos (México), vol. 205, 208-225p. http://www.letras. mysite.com/art2mistral.htm

Tagle, Matías (2002). Gabriela Mistral y Pedro Aguirre Cerda a través de su correspondencia privada (1919-1941), Revista Historia, Vol. 35, 2002: 323-408.

Taylor, Martin (1975). Sensibilidad religiosa de Gabriela Mistral, Madrid, Editorial Gredos.

Urías Horcasitas, Beatriz (2008). El poder de los símbolos/los símbolos en el poder: Teosofía y "mayanismo" en Yucatán (1922-1923), Relaciones. Estudios de historia y sociedad, vol. XXIX, N° 115.

Valenzuela Fuenzalida, Álvaro (2002). Gabriela Mistral y la reforma educacional de José Vasconcelos, Reencuentro, N° 34, septiembre, 11p. http:// www.redalyc.org/pdf/340/34003402.pdf

Vargas Saavedra, Luis (1985). El otro suicida de Gabriela Mistral, Santiago, Ediciones Universidad Católica de Chile.

Velayos, Ángel Martín (2007). Saludos del Gran imperator de la Orden Rosacruz. http://www.rosacruz.net/mensaje-imperator.html

Vial, Gonzalo (1981) Historia de Chile, Editorial Portada, 1981, tomo II.

Villegas, Reinaldo (2004). Gabriela Mistral en la Revolución educativa mexicana, Odiseo, revista electrónica de pedagogía, año 2, N° 3, 1° de octubre.

Zaldívar, María Inés (2006). Gabriela Mistral y sus "locas mujeres" del siglo veinte, Taller de Letras N° 38.

Zancada, Ana María (2010). Las mujeres y el surrealismo, El Litoral, 30 de enero, https://www.ellitoral.com/index.php/diarios/2010/01/30/nosotros/NOS-07.html

Zegers, Pedro Pablo (1991). Gabriela Mistral y la Teosofía: la logia Destellos de Antofagasta, Museos, N° 11.

Zegers, Pedro Pablo (2011). Hijita querida. Cartas de Palma Guillén a Gabriela Mistral, Santiago, Pehuén.

Zegers, Pedro Pablo (2012). En torno a Gabriela Mistral. Cartas (1923-1947) y Gabriela en el magisterio (1904-1921), Mapocho. Revista de Humanidades, Santiago, DIBAM.

144000, Roque Rojas, el elegido del Tercer Tiempo. http://es.144000.net/articulos/roque_rojas_el_elegido_del_tercer_tiempo.htm

Editorial

THEOT

ISBN: 978-956-09654-0-0